看菜單點歷史

記錄世界的75場盛宴

獻給希拉蕊、荷莉和以撒克。
獻給菲力普與菲麗絲，
威瑪、羅伯特、愛德華和湯馬斯。

看菜單點歷史

記錄世界的75場盛宴

文森·富蘭克林

亞力·強森

林凱雄　譯

目錄

前言

說菜單不過是條列菜餚的清單，實在太小看它。從人類初登世界舞台到現代，這些平凡且往往被忽視的物品，其實蘊含不凡的故事。透過菜單，我們得以一窺鋪張與撙節、遷徙與同化、戰爭與征服的種種場面。

　　英文的「菜單」（menu）源於法文，意指「小」或「詳細」的東西，再上溯到更古老的拉丁字源 minutus，是指稱尺寸縮減過的物品。4 千年前，古老的美索不達米亞文明在陶板上擬出神聖的菜單，用於祭神（這些神顯然享用了烤山羊、蛋糕與大量的鹽，同時佐以豐沛的酒漿）。在中國，特殊節慶的菜單見於宋朝時期，例如某位半匿名的北宋官員寫於十二世紀的回憶錄《東京夢華錄》，裡面就記載各式令人嘆為觀止的菜餚。歐洲最早的菜單出現在十八世紀的法國：在超大開數的紙張上，用細小的字體印了密密麻麻數百道菜，有如報紙分類廣告欄的原型。

　　從那時起，我們看到了裝飾華美的菜單卡、有專屬皮革裝訂且綴以流蘇的菜單、手寫菜單、兒童菜單，甚至還有可以吃的菜單。人們開始醒悟到，菜單就跟足球卡、明信片與電影海報這些其他的短效印刷品一樣，讓我們有機會用從未想過的方式了解過去。人為生存而吃，也為慶祝而吃。不過，這不完全是一本關於食物的書——這本書是想帶讀者了

解，關於全球歷史上的某些時空，這些瞬息間留下的烹飪紀錄能告訴我們些什麼。

要從超過四萬年的歷史取材，衡量哪些可用，哪些又得捨棄，並刪修到只留最精彩的部分，這實在不容易。沒錯，奢靡到荒謬的皇家盛宴必不能少，不過我們的眼光遠更為寬廣。從阿茲特克文明的食人習俗到瑞士的素食主義者，從人類在太空中吃的第一餐到鐵達尼號上的最後一餐，本書接下來的篇章甚至包含了從未在現實中被烹煮與享用的餐點——在狄更斯的《小氣財神》（*A Christmas Carol*）裡，克拉奇（Cratchit）一家人就只在小說的字裡行間慶祝的耶誕節。

在十九世紀中葉以前，只有極少數的菜單以文字記錄下來，所以說，比較晚近的菜單或許會伴隨鹽罐和胡椒罐出現在餐桌上，不過本書收錄的其他菜單則是藉由各種資料拼湊出來的，從廚房接獲的指示到日記中的記述，甚至還包括了對古人殘骸上的牙菌斑所做的科學研究。

這一切種種綜合起來，成為一本你可以隨心點選品嚐的菜單之書。關於那些負責烹飪的人、享用餐點的人，以及他們生活的世界，本書揭露了其中各種出人意料、稀奇古怪，或者單純令人震驚的點點滴滴。讀過了這本書，你看待鳳梨的眼光將再也不同。

第一章

旅行與探險

從打破紀錄的空中開胃小點，到鐵達尼號上諷刺命運的冰品，
本章會讓你知道如何調理海象、擬錯菜單會帶來怎樣的致命後果，
並且解釋辣椒醬為何在太空中大受歡迎。

東方快車上的晚餐

1884 年 4 月 17 日，巴黎至君士坦丁堡

1883 年，工程師企業家喬治・奈吉麥克（Georges Nagelmackers）啟運一列高級火車，服務對象是想舒服、享受地橫越歐洲的富裕旅客。東方快車（Orient Express）很快成為奢華的代名詞，列車使用十九世紀晚期最炙手可熱的科技，為乘客提供中央暖氣、煤氣燈與熱水。基本上，這就是一座架在車輪上的五星級飯店。

東方快車的大手筆裝潢也包括餐車車廂在內，牆面以鑲嵌在古巴桃花心木框裡的玻璃壁板裝飾，是法國知名玻璃設計師雷內・拉利克（René Lalique）的心血結晶，天花板鋪了西班牙哥多華（Cordoba）的浮雕皮革，牆上掛著織錦畫，餐桌的桌巾是白色錦緞，上面擺著精心折疊的餐巾、水晶杯與銀製餐具。《泰晤士報》（The Times）駐巴黎特派記者亨利・歐沛・德・布洛維茲（Henri Opper de Blowitz）搭乘了首發列車，並寫下一系列親身體驗報導。他將東方快車的餐車與宴會廳相提並論，還提到餐車的窗簾會特意在火車離站前拉起，讓月台上的觀眾看看自己錯過了什麼。

➤ 菜單 ➤

濃湯

日本珍珠

魚肉料理

英式馬鈴薯

花園牛排

烤肉

勒芒雞佐水芹

蔬食

焗烤花菜

巧克力奶霜

布洛維茲也對車上的菜單印象深刻，上面的菜餚都是由餐車底端的狹小廚房在列車行進間烹調。他說這些菜單「一份比一份豐富雅緻」。然而，那些煞有其事的法文詞彙所代表的菜餚，對二十一世紀的人來說，恐怕有點像嬰幼兒食品——「日本珍珠」（Perles du Japon）是西米露，「英式馬鈴薯」（Pommes à l'anglais）是水煮馬鈴薯，「焗烤花菜」（Chou-fleur au gratin）是花椰菜拌乳酪。

不過，這份菜單也出現了那個年代最受歡迎的筵席鎮桌主菜之一：花園牛排（Filet de bœuf jardinière）。這是法式高級烹飪（Haute cuisine）的經典菜色，例如 1897 年在紐約華道夫酒店（Waldorf）舉行的布萊德利－馬丁舞會（Bradley-Martin Ball），是一場極盡奢華之能事的盛宴，花園牛排也名列舞會菜單之上。大塊菲力牛肉裹上肥豬肉片燒烤，再淋上醬汁、盛放在長碟中，肉塊通常會用一種特製的烤模墊高或疊在米飯上以增添氣勢，周圍再交錯擺上不同顏色的蔬菜（「花園」常以花椰菜、紅蘿蔔和四季豆等等代表）。所有食材最後會串在有華麗叉頭的專用肉串叉上（法文稱 Hatelet 或 Attelet），佐法式伯那西醬（Béarnaise sauce）享用。

東方列車的菜單在二十世紀繼續讓人嘆為觀止。在 1907 年，乘客的一餐會從松露炒蛋開始，接著是肥肝肉凍與奧地利施蒂里亞（Styrian）烤鴨。到了 1925 年，他們也能享用法式烹飪經典的蜜餞冰淇淋（glace plombières），顧名思義，主角是綴滿蜜餞的冰淇淋（類似現代的什錦水果口味），一球球疊在巨大的金屬模子裡端到客人面前。東方快車也嘗試以食物反映列車行經的地理位置，例如在通過匈牙利時供應該國特產的托卡伊葡萄酒（Tokay）。據說，廚師如果用盡了車上的某項食材，會把請購項目寫在紙條上再塞進挖空的馬鈴薯，等列車進站時拋給駐站員工，他們會負責確保火車在下一站補貨。

1898 年，東方快車招來遊客的海報。

　　東方快車在多年間數度改頭換面，美國旅遊作家保羅·索魯（Paul Theroux）於 1975 年上車時，失望地發現那時已經完全取消餐車了。它在 2009 年發出最後一班夜車，畫下句點。現今取而代之的是民營的威尼斯辛普倫東方快車（Venice Simplon-Orient Express），不只復刻了古色古香的餐車車廂，目前的菜單上也仍有雞肉料理，不過在 1884 年常見的水芹配菜已不復見，雞肉則改以羊肚菌醬汁（Morel sauce）煨煮。除此之外，如果你手頭有 490 歐元閒錢，也能來一客 50 公克的法國貝多香牌（Petrossian）貝魯嘉鱘魚子醬。

菲力牛排佐巴薩米克醋
烤馬鈴薯、紅蔥頭與大蒜醬

6 人份

菲力牛排

800 公克中段牛排肉

片狀海鹽與胡椒

2 大匙植物油

2 支迷迭香

1 又 1/2 大匙奶油

馬鈴薯與紅蔥頭

800 公克梅莉斯吹笛手種馬鈴薯，不削皮，每顆馬鈴薯切成 6 到 8 個楔狀薯塊

6 個長紅蔥頭，去皮剖半（或 4 個紫洋蔥，去皮切成 1/4 塊狀）

一整顆蒜頭鱗莖，對半橫切

2 支迷迭香，切細末

100 毫升巴薩米克醋

2 大匙無鹽奶油

40 公克芝麻菜

大蒜醬

150 公克法式酸奶油

1 個檸檬，榨汁

1 大匙第戎芥末醬

鹽與胡椒

烤箱預熱至攝氏 190 度，或旋風烤箱攝氏 170 度、瓦斯烤箱第 4 級。

取不沾烤盤，鋪上馬鈴薯塊以及切半的紅蔥頭（或切 1/4 的紫洋蔥），放入橫切成半的整顆蒜頭鱗莖，撒上迷迭香末與充分的鹽與胡椒。淋上巴薩米克醋、撒上切成小丁的奶油。將烤盤放入預熱好的烤箱裡，計時 40 鐘。

在牛肉塊的各面仔細撒上片狀海鹽與大量黑胡椒。

取一柄大口平底鍋或炒鍋，以大火熱鍋，放入植物油，再將肉塊與迷迭香一起下鍋。肉塊每面煎 6 到 7 分鐘，直到表面開始均勻上色並焦糖化，每一面與肉塊的端都要煎到這個程度。加入奶油浸潤牛排並續煎 5 分鐘，牛排徹底均勻上色後移出煎鍋。

馬鈴薯烤 30 到 35 分鐘後，取出烤盤，把烤焦的薯塊換位置、不夠熟的薯塊移到烤盤邊緣。在烤盤中央騰出空位，把牛排放進去。把烤盤放回烤箱，如果牛肉想吃三分熟則續烤 15 分鐘、五分熟 20 分鐘、全熟 25 到 30 分鐘。

從烤盤中取出蒜頭，蒜瓣應該已經變軟且焦糖化。將蒜瓣擠進小碗中，用餐叉背面壓成泥。將法式酸奶油、檸檬汁、第戎芥末醬、鹽與胡椒舀入碗中，攪拌均勻即可。

等牛排靜置 10 到 15 分鐘後，將馬鈴薯與紅蔥頭盛入大盤，鋪上芝麻菜。牛排切片，盛於預熱過的餐盤中，佐 1 匙大蒜醬享用。

向羅伯特‧皮里（可能）成功抵達北極點致敬的晚宴

1909 年

1909 年，羅伯特‧艾德溫‧皮里（Robert Edwin Peary）宣稱他成為全世界第一個抵達北極點（North Pole）的人。《紐約時報》（The New York Times）為了慶祝這次創舉，在六個月後舉辦了一場北極主題晚宴。席間的部分菜餚相當平常，例如在地產生蠔、花飾小點與烤鷸鴣，不過主菜就遠不是與會者習以為常的那些了。

在攻克北極點的最後一段路程中，每日標準配糧是每人比 1 公斤略多一點的固態食物。乾肉餅（Pemmican）是主食，接下來根據重要程度依序是茶、煉乳、餅乾與壓縮豆子湯包。所以說，這次慶功宴顯然少不了乾肉餅，不過廚師把它做成比較可口的慕絲狀，以匈牙利「科蘇特」（Kossuth）風味佐菠菜與紅椒粉上桌。

皮里在遠征途中帶了兩種乾肉餅，一種其實是水果糕，另一種是傳統的牛肉混合脂肪。他很喜歡這種食物，曾寫道：「在我熟悉的所有食物當中，一個人可以在適當情境下一年吃 365 天、一天吃兩次的食物，就只有乾肉餅了，而且最後一口和第一口一樣美味。」然而，他在兩年後為獲得抵達北極點的官方認證，出席美國眾議院海軍事務委員會，卻遭到北達科塔州眾議員亨利‧賀格森（Henry T. Helgesen）質疑：皮里的日記上為何沒有吃乾肉餅會留下的油膩手痕？賀格森關於乾肉餅的疑慮甚至足以佐證，另一位探險家才是「抵達北極點第一人」，但未被採納，皮里的主

為恭賀皮里而舉行的北極主題晚宴。

張最終獲得認可。

那場晚宴上另一道略顯油膩的菜色是海象，即使切成薄片也還是偏油。海象是阿拉斯加傳統上重要的維生食物，一定要徹底煮熟，否則可能使人感染旋毛蟲，導致嚴重不適（在地底埋存數月的發酵生海象肉「伊古納」是因紐特人的珍饈，但沒有出現在這場晚宴上）。同樣富含油脂的還有獨角鯨，連帶鯨皮或鯨脂做成排餐上桌。

因紐特人鍾愛的麝牛肉看似牛肉、味如馬肉，挑戰性比較低，可能比較獲得部分與會人士青睞，

菜單

藍點生蠔

海象肉小點

雷鳥濃湯佐脆麵包丁

上選獨角鯨肉佐白葡萄醬汁

維多利亞風麝牛菲力

巴黎薯球

科蘇特乾肉餅慕斯

菠菜佐新月酥餅

「北極點」雪酪

葡萄葉烤鷓鴣

蘿蔓生菜心沙拉

尼克伯克雞尾酒餅乾聖代

什錦甜點籃

而在這場宴會上調理成維多利亞風的黑松露醬汁肉排，可以再佐以龍蝦肉與澄清奶油煎薯球享用。

　　非裔美國人馬修‧韓森（Matthew Henson）是皮里的得力助手，第一個抵達北極點的人可能是他才對，不過他的付出大多被略而不提，當然更不會有《紐約時報》晚宴來表揚他的功勞了。

史考特隊長的耶誕晚餐

1911 年

1911 年 6 月，正值南極仲冬的嚴寒期間，在埃文斯角（Cape Evans）的小木屋裡，英國探險隊長羅伯特‧法肯‧史考特（Robert Falcon Scott）與他的隊員享用了一頓耶誕大餐。他們從海豹湯開始，陸續吃了烤牛肉、約客夏布丁佐煎馬鈴薯與孢子甘藍，還有焰燒葡萄乾布丁 *1、百果餡餅（Mince pie）*2、鰻魚、焦糖杏仁、糖漬水果與巧克力，同時暢飲香檳。綽號「伯弟」的亨利‧鮑爾斯（Henry Bowers）還用樹枝架了聖誕樹，並且以蠟燭和彩紙裝飾。史考特在日記中寫道：「隔天早上有幾個人宿醉頭痛。」

6 個月後的 12 月 25 日耶誕節當天，他們的慶祝就沒那麼奢侈了。他們的南極點（South Pole）征途到了那個時候，已經把隊上的狗遣送回頭，也射殺了最後幾匹西伯利亞小馬，只剩隊員以步行前進。即使頂著強風和降雪，他們在那一天仍奮力走了 25 公里才紮營吃晚餐。每人在稍早已經享用過一塊額外的巧克力，並且在茶裡加了 2 顆葡萄乾，作為過節的特別享受。帳篷外的氣溫是攝氏零下 25 度。

這頓晚餐的主菜是乾肉餅，一種脂肪混合乾馬肉屑的濃縮食品，原本是美洲原住民的發明，因為含有高熱量，後來也被皮毛貿易商與極地探險家採用。乾肉餅的口味視材料而定，但有人說它味如嚼蠟。除此之外，史考特一行人也吃了燉肉餅濃湯（Hoosh）和有心理鼓勵作用的甜點（在此數年前，另一位探險家歐內斯特‧

> **菜單**
>
> 乾肉餅佐洋蔥與咖哩粉調味的
> 馬肉條，以餅乾增稠
> 葛粉、可可與餅乾燉甜湯
> 葡萄乾布丁
> 葡萄乾可可
> 焦糖牛奶糖與薑糖

薛克頓〔Ernest Shackleton〕在挑戰南極點途中，曾把一塊耶誕布丁與一支冬青藏在襪子裡〕。隊員威廉‧賴斯利（William Lashly）當天差點跌進一道冰隙，而根據他的日記，所謂的甜點是一個 16 公分見方的葡萄乾布丁。最後他們以 4 小顆焦糖牛奶糖與 4 塊薑糖結束這一餐。賴斯利寫道：「我實在吃不完自己的份，感覺飽得有如一頭野獸。」史考特也有同感，他寫道：「在那頓大餐之後，身體簡直動不了。我們都睡得極好，通體溫暖──這就是飽餐一頓的功效。」

然而，史考特探險隊在擬菜單時犯下了大錯。雖然他們在埃文斯角吃的是有烏龜湯和企鵝胸肉的三菜餐點，不過組織這次遠征的人大大低估了最後衝刺所需的熱量。他們刻意準備了高蛋白飲食，但其實該採用高脂肪飲食才能增添足夠熱量，結果遠

英國南極探險隊第二西方支隊的羅伯特‧佛德、法蘭克‧戴本翰、崔格維‧葛蘭與格里菲茲‧泰勒。

征隊隊員攝取的卡路里只有維持體重所需的一半，食物的維生素 B 含量也不足。配糧比預期更快耗盡，他們的夢境滿是美食成真的畫面。說這群人正在餓死並不為過。在史考特一行人吃白麵包配乾肉餅的同時，他們的競爭對手、挪威的阿曼森（Amundsen）遠征隊吃的是特製黑麵包、海豹肉與醃莓果。阿曼森的配糧裡沒有慶祝過節的美食。

在耶誕節將結束時，史考特與他的隊員距離南極點仍有近五百公里之遙，而阿曼森早已抵達目的地，正在回程途中。

鐵達尼號最後的菜單

1912 年 4 月 14 日

1912 年 4 月 10 日，鐵達尼號郵輪自英國南安普敦啟程，先後航向貝爾法斯特與紐約。到了航程的第四天，也就是船難發生的前一夜，船上廚房仍端出了愛德華時代聞名於世的豐盛料理，至少在頭等艙是如此。

鐵達尼號的三個艙等截然不同，不只菜單內容（三等艙是稀粥，頭等艙是肥肝），菜單設計也有極大差異。頭等艙與二等艙菜單是彩色印刷，而且每餐各有不同菜單。三等艙只有一份黑白印刷的菜單，餐餐一模一樣。

從菜單指稱每日各餐的用詞也能看出社會階級差異。在三等艙，「晚餐」是在其他乘客享用「午膳」時的中午供應。至於三等艙吃「簡餐」時，頭等艙乘客則安坐在桌前享用十一道菜的「晚餐」。直至今日，這些用詞仍在畫分階級差異、挑起社會偏見。「宵

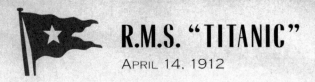

R.M.S. "TITANIC"
APRIL 14, 1912

FIRST CLASS DINNER

HORS D'OEUVRE VARIES

OYSTERS

CONSOMME OLGA   CREAM OF BARLEY

SALMON. MOUSSELINE SAUCE. CUCUMBER

FILET MIGNONS LILI

SAUTE OF CHICKEN LYONNAISE

VEGETABLE MARROW FARCIE

LAMB. MINT SAUCE

ROAST DUCKLING. APPLE SAUCE

SIRLOIN OF BEEF   CHATEAU POTATOES

GREEN PEAS   CREAMED CARROTS

BOILED RICE

PARMENTIER & BOILED NEW POTATOES

PUNCH ROMAINE

ROAST SQUAB & CRESS

RED BURGUNDY

COLD ASPARAGUS   VINAIGRETTE

PATE DE FOIE GRAS

CELERY

WALDORF PUDDING

PEACHES IN CHARTREUSE JELLY

CHOCOLATE & VANILLA ECLAIRS

FRENCH ICE CREAM

鐵達尼號

1912 年 4 月 14 日

頭等艙晚餐

各色開胃小菜

生蠔

奧爾加清燉肉湯／大麥糊

鮭魚佐慕思琳奶醬與黃瓜

松露肥肝菲力牛排

里昂式炒雞肉

鑲夏南瓜

小羊肉佐薄荷醬

烤乳鴨佐蘋果醬

沙朗牛排／別墅馬鈴薯

豌豆／紅蘿蔔濃湯

米飯

薯泥焗牛肉與水煮新馬鈴薯

羅曼潘趣酒冰沙

烤乳鴿與水芹

勃艮第紅酒

涼拌蘆筍／油醋醬汁

肥肝泥

芹菜

華道夫布丁

蜜桃夏翠絲甜酒凍

香草巧克力閃電泡芙

法式冰淇淋

夜」對有些人來說是少許乳酪配蘇打餅，或是以維多麥（Weetabix）穀片打發，而對另一些人來說，這是在古色古香的雅家爐（Aga）*3 旁進行的休閒社交活動。

在所有菜單裡，也唯有三等艙的寫有指示，告知乘客如何客訴食物、服務或「不文明行為」。白星航運公司（White Star）為何認為這些指示有其必要，我們並不清楚。或許他們認為頭等艙與二等艙乘客在外用餐的經驗豐富，知道不滿意時該怎麼做。又或許，他們認為三等艙獲得的服務水準比較有可能惹來客訴。也有可能，他們認為下層甲板的食客要是不滿意，或許會訴諸比較激烈的表達方式。

一直以來，航船上吃得到的食物主要取決於當時的防腐與儲藏技術。即使在 1912 年，鐵達尼號下層甲板的菜單上仍有「客艙餅乾」（Cabin biscuit），也就是硬口糧餅（Hard tack）的委婉說法。這是一種混合麵粉、水、鹽與少許油脂製成的食品，幾乎永遠不會變質，能儲放數月甚而經年不壞，自十字軍時代以來就是海員的必備品。同一時間，在頭等艙的餐廳裡吃得到生蠔。到了航程第四天，鐵達尼號還能供應這種極易腐壞的雙殼類海鮮，都是因為船上內建了龐大的冷藏系統和製冰機。這些機具也為各個獨立儲藏室輸送冷氣，裡面分門別類地存放羊肉、牛肉、乳酪、魚類、野味、礦泉水、香檳，甚至還有花卉，並且依儲藏品所需冷卻到最適溫度。諷刺的是，鐵達尼號也裝設了一個高效冷卻系統，專門用於製冰。

在今天，世界各地的餐廳與供餐俱樂部，都會為迷戀鐵達尼號的食客重現頭等艙的餐飲體驗，甚至包含多艘遠洋郵輪在內（似

乎沒有人重現三等艙的菜單就是了）。不過，假使你真想珍藏一份原版菜單，花費恐怕要比登上頂級環球郵輪還高。2015 年 11 月在德州的達拉斯市，一份鐵達尼號的菜單在某場高級拍賣會中以118,750 美元成交。

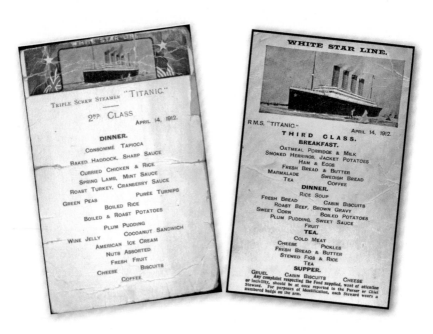

二等艙與三等艙菜單

興登堡號的「百萬富翁之旅」

1936 年 10 月 9 日

1936 年 10 月，德國的興登堡號（Hindenburg）飛船完成了橫越大西洋的首季航程。為了慶祝飛行順利，齊柏林航空公司（Zeppelin Airline Company）決定招待 72 位顯貴人士，在秋光燦爛的新英格蘭上空，來一場十個半小時的賞遊之旅。登船的都是美國工商業界鉅子，例如溫斯羅普・奧德里奇（Winthrop W. Aldrich）和納爾遜・洛克斐勒（Nelson Rockefeller），乘客的財富總值估計超過十億美元。

這次航程的菜單由廚師查維耶・梅爾（Xavier Maier）擬定，他曾在比較小型的齊柏林伯爵號（Graf Zepplin）飛船上掌廚，更之前在巴黎麗茲酒店擔任過主廚。菜單上有德國產的萊茵鮭魚冷盤、皮司波特（Piesporter）葡萄酒與史坦氣泡（Stein Brut）葡萄酒，同時還有印度燕窩湯，加州哈密瓜和土耳其咖啡。餐點囊括世界各地的菜色並不罕見，標示出食材生產國就不尋常了。這份菜單如同興登堡號本身，以溫和的姿態把恢復元氣的德國推回世界舞台。

這些菜色相形簡單，無須太多調理時間，對於全靠電力的船艙廚房來說很有助益。飛船上禁止任何明火，因為大量極易燃的氫氣就位於船艙上方，唯一允許明火的房間是吸菸室，而且以雙重氣閘門確保安全無虞。

飛船為了橫越大西洋需要攜帶額外的補給品，以應對萬一遇上風暴會造成的延誤。對飛船這種飛行器來說，這是很傷腦筋的

━━ 菜單 ━━

印度燕窩湯

萊茵鮭魚冷盤佐辛香醬汁

馬鈴薯沙拉

1934 年皮司波特金滴園葡萄酒（葡萄產自 G. 克奇葡萄
園，莫澤河畔特里爾柏拉涅格拉酒莊釀造）

菲力牛排佐鵝肝醬汁

別墅馬鈴薯

公主奶油四季豆

1928 年菲斯特氣泡葡萄酒

卡門沙拉

冰鎮加州哈密瓜

土耳其咖啡蛋糕

利口酒

1936 年的興登堡號飛船。

問題,因為每增加一點重量就會更難升空。重量問題如此至關緊要,以致於船上的酒吧還特別訂做了一架鋁製鋼琴,就為了節省區區幾公斤的載重。

　　整個興登堡飛船計畫全是為了重建德國的世界地位、展現該國重拾的自信與雄心。齊柏林公司之所以獲得德國宣傳部部長約瑟夫·戈培爾（Joseph Goebbels）的大力金援,正是因為他領悟到興登堡號真正的價值並非載運乘客,而是傳達訊息。這等於是納粹德國的飛行廣告。

　　數千人自工廠與學校湧上街頭,觀看興登堡號的慶祝之旅。這塊 240 公尺長的廣告招牌,在尾翼上印有兩個大大的納粹卐字,所以觀眾對於這艘船的來歷絕不會有任何疑問。至於那些無緣親

33

眼見證的人，從船上的菜單可知，美國全國廣播公司（NBC）會全程在船上做現場廣播。

到了 1936 年，德國的政治發展開始令很多美國人感到不安，不過興登堡號極力消除這些疑慮。《紐約時報》寫道：「這或許不是個盡善盡美的世界，不過我們要是能打造出興登堡號，它的航行又是如此驚人地成功，或許這世界也並非全然迷失。」戈培爾的飛船計確實奏效了。

興登堡號在新英格蘭賞遊之旅的隔天返回德國，這可說是它最後一次成功的越洋飛行。等跨大西洋航線在隔年重啟，1937 年 5 月 7 日的首班興登堡號在抵達紐澤西州萊克赫斯特（Lakehurst）時爆炸燃燒，導致 36 人喪生，輕航空器的時代也因此驟然畫下句點。

希拉里與丹增在埃佛勒斯峰上的配糧

1953 年 5 月 29 日

```
━━━ 菜單 ━━━

沙丁魚

餅乾

罐頭杏桃

棗子

果醬

蜂蜜

熱檸檬水

薄荷糕
```

在埃佛勒斯峰上，食物是個頗為棘手的問題，冰天凍地與乾燥的空氣讓人很難嚐出任何味道。缺乏氧氣迫使人體專注於腦與心肺等最基本的功能運作，而不是腸胃，因此任何東西嚐起來幾乎都很難吃，害人消化不良。

1996 年，曾有學生問紐西蘭登山探險家艾德蒙‧希拉里爵士（Sir Edmund Hillary）在遠征埃佛勒斯峰途中吃了些什麼，而希拉瑞回答：「在高山上，食物令人作嘔，你得逼自己吃東西才行。我們的熱量主要來自非常甜的飲料──大多是加入大量糖的淡熱茶。」

　　約翰·杭特（John Hunt）上校是希拉瑞埃佛勒斯峰登頂行動的負責人。史考特隊長或許選錯了橫越南極的補給品，不過杭特似乎做了適當準備。重點全在好消化的食物——能很快轉化為熱量的糖與碳水化合物。刺骨低溫會麻痺登山隊員的感官，所以食物也得是較容易激起食慾的重口味，如此一來，沙丁魚和薄荷糕（Mint cake）或許恰是理想選擇。就算有人在氣溫攝氏 12 度的海平面高度時，覺得薄荷糕甜得噁心，等他們置身海拔 8,800 公尺的攝氏零下 26 度裡，就會覺得這東西很可口了。

　　當英國羅姆尼（Romney）公司接獲訂單，要為 1953 年的埃佛勒斯峰遠征隊生產 16 公斤多的薄荷糕（這是一名雪巴嚮導的負重上限），他們面臨了一個問題：糖在當時的英國仍是限量配給的物資，想為杭特的人馬供應如此大量的薄荷糕，必須先獲得糧食部核可。根據部分消息來源，羅姆尼的工廠有些工人自願捐出食物配給券，以協助達成這份訂單。

肯德爾牌薄荷糕

　　大多數人都知道熱的時候要多補充水份，不過置身酷寒中的登山員其實也會有脫水問題，所以他們得融化冰雪以沖泡大量的茶飲用。然而，埃佛勒斯最高峰的氣壓比較低，

水在攝氏 71 度就會沸騰，就算加了好幾匙糖，茶水的品質仍然堪慮。

丹增諾蓋（Tenzing Norgay）是隨同希拉里登頂的知名雪巴嚮導，當他身在埃佛勒斯峰上，會在用餐之餘省下一些食物進行佛教儀式，在地面挖個小洞埋進甜食和巧克力，作為祭品。雖然這點微不足道的食物無損世界最高峰的無瑕壯麗，不過在丹增之後的數千名登山客，已經把埃佛勒斯峰變成全球海拔最高的垃圾掩埋場。根據一些環保人士的估計，這些人的食物包裝、登山裝備、氧氣筒與排泄物加總起來，是超過 1 百公噸的廢棄物。為了協助解決這個問題，從 2014 年起，雪巴嚮導每背負 1 公斤垃圾下山，能獲得 2 美元酬勞。

菜單

四塊培根派

水蜜桃

三片甜餅

鳳梨葡萄柚果汁

咖啡

月球上的第一餐

1969 年 7 月 20 日

世界上有不計其數的「第一個上太空的某某食物」。1961 年，俄國人尤里・加加林（Yuri Gagarin）在太空中享用了從軟管中擠出的牛肉與肝醬泥，成為第一個在太空進食的人類。隔年，換美國太空人約翰・葛倫（John Glenn）上太空大啖蘋果醬與可口的木糖片。太空中首次出現的固體食物，是由雙子星三號（Gemini 3）的駕駛員約翰・楊恩（John Young）偷帶上去的。那是一個鹹牛肉裸麥三明治，不過把這東西挾帶上太空船並非明智之舉，因為麵包屑可能導致船上的電子系統故障。

至於太空人登陸月球後首次用餐的菜單就完全不同了。他們的主要餐點由 A、B、C 三種套餐輪替，締造歷史的第一餐也沒有特別規畫，登月時間稍有變化，鮪魚沙拉、白脫糖布丁或燉雞肉都有可能輪到這個機會。根據詹姆斯・韓森（James Hansen）執筆的傳記《登月第一人：尼爾・阿姆斯壯的一生》（First Man: The Life of Neil A. Armstrong），阿姆斯壯最喜歡的是表定第二天的 C 餐——肉醬義大利麵、焗烤豬肉馬鈴薯、鳳梨蛋糕與綜合葡萄汁。阿姆斯壯的同事伯茲・艾德林（Buzz Aldrin）則偏好鮮蝦盅。

自從阿波羅號首次載人升空，培根就是熱門選項，頻頻出現在太空組員的餐點當中。雖然這在今日比較少見了，不過英國太空人提姆・皮克（Tim Peake）在 2015 年登上國際太空站時，吃的第一餐是培根三明治。

　　不過，這份菜單所示真的是人類在月球上吃的第一餐嗎？事實上，艾德林在吃 A 餐前私下行過聖餐禮，在其他太空人品嚐培根以前，他先吃了一片威化餅、啜飲了聖餐酒。艾德林在德州家鄉的長老教會擔任長老，而他在行完聖餐儀式後還誦唸了《約翰福音》十五章五節：「我是葡萄樹，你們是枝子。常在我裡面的，我也常在他裡面，這人就多結果子；因為離了我，你們就不能做什麼。」

協和號創紀錄的環球飛行

1995 年

1919 年，亨德利・佩奇航空公司（Handley Page Transport）首開先例，在飛機上供應食物，而且對現代人來說不無備感熟悉之處。在該公司客機從倫敦豪恩司洛希斯（Hounslow Heath）飛往巴黎勒布爾熱（Le Bourget）途中，付得起 3 先令高價的乘客能買到一個預先備好的午餐盒，內含三明治、水果與少許巧克力。

飛機餐在 1936 年真正風行起來，當時美國聯合航空率先啟用了如今早已不復見的機上廚房，為乘客在航程中供應熱食。現今的團膳業者無不窮盡心力使飛機餐可口誘人，例如把食物切成 Hello Kitty 的形狀（長榮航空），或是在耶誕節期供應肯德雞套餐（日本航空）。當然了，大老闆們對於機上餐點該有的樣子自有主張——傳說美國航空前任執行長羅伯特・克蘭德爾（Robert Crandall）曾為公司省下 4 萬美元的食物開支，方法是把供應頭等艙乘客的每份沙拉剔除一顆橄欖。

負責準備飛機餐的廚師顯然居於劣勢。首先，製作高品質團膳並不容易，以新加坡航空公司為例，他們一天要準備 5 萬份餐點。重新加熱在地面事先大量準備的餐點，味道絕不會變得更好。

除此之外，飛機的增壓空間加上持續不絕的引擎噪音，容易使食物嚐起來乾燥無味，因為味蕾在這種條件下很難感應到甜味或鹹味。機艙的低濕度會使鼻腔變乾，也降低了味覺靈敏度——為了對付這個問題，名廚赫斯頓・布魯門索（Heston Blumenthal）

———— 菜單 ————

開胃小點—香檳

龍蝦沙拉佐芒果洋梨絲

黑胡椒羅西尼牛排

可樂餅佐松露與杏仁條—
紅蘿蔔和菠菜奶醬

時蔬沙拉

法國乳酪

時鮮水果沙拉

花色小蛋糕

替英國航空公司想出一條妙計：提供每位乘客一枚鼻腔噴霧器。至於澳洲航空公司則是在從伯斯直飛倫敦、航程長達 14,498 公里的夢幻客機（Dreamliner）上提供「時差餐」，在專為協助乘客放鬆或睡眠而設計的各種菜色中，有助補充水份的食材特別獲得重用，包括葉菜、黃瓜、草莓與芹菜等等。

結果是飛機餐長年大受撻伐，名人主廚高登·拉姆齊就曾用他招牌的精闢毒舌說：「我他 X 的絕對不會在飛機上吃東西。」從機組人員傾向自備食物服勤，也可見一斑。

相較之下，協和號客機的膳食打從一開始就很奢豪，甚至還啟發廚師為它創作出美味誘人的協和蛋糕（Gateau Concorde），由巧克力蛋白酥與巧克力慕斯層疊而成。法國航空旗下的協和號曾進行環球飛行，航程總計 31 小時 27 分鐘又 49 秒，本頁的菜單就來自其中從紐約飛往土魯斯的東向航段。協和號在 1967 年載客首航，而且菜單由法國名廚保羅·博古斯（Paul Bocuse）操刀，包含了魚子醬龍蝦開胃小點、唐貝里儂（Dom Perignon）1969 年香檳和哈瓦那雪茄（協和號到 1997 年才開始禁菸），而本頁菜單與首航的餐點相比也毫不遜色。協和號每週更換菜單，後來為他們設計餐點的名廚還包括米歇爾·胡（Michel Roux）與理查·柯利根（Richard Corrigan）。

協和號的飛機餐直到最後都令人讚嘆。2003 年 10 月 24 日，當瓊‧考琳絲（Joan Collins）與大衛‧佛司特爵士（Sir David Frost）這些貴賓登上最後一班協和號客機，端到他們面前的餐點是龍蝦薯餅佐血腥瑪莉風味醬與炒菠菜、蘇格蘭煙燻鮭魚佐魚子醬、義式培根極佳級牛排卷、小羊肉片、野生蕈菇松露歐姆蛋佐煎薯餅和烤番茄，還有三種特選香檳，包括 1968 年的保羅傑邱吉爾紀念香檳（Pol Roger Cuvée Sir Winston Churchill）在內。這些菜餚都印在美觀的銀灰色菜單卡上，綴以兩枚灰色流蘇。

國際太空站遠征一號的菜單

2000 年 11 月—2001 年 3 月

1961 年 4 月 12 日，蘇聯的加加林成為第一個進入太空的人類，以 3 週時間搶先美國的艾倫‧雪帕德（Alan Shepard）。等到 1969 年 7 月 20 日，阿姆斯壯在月球上踏出他著名的一小步，美國人才總算恢復了自尊心。太空競賽是一場在我們頭頂上進行的冷戰，美蘇雙方都為此投入了數十億美元。

不過，在蘇聯改革開放、柏林圍牆倒塌之後，兩大超級強權攜手打造了象徵世界新秩序的國際太空站。一艘火箭在 1998 年 11 月發射升空，上面攜帶了要加裝在國際太空站上的 40 個組件，太空餐飲的全新時代也隨之展開。

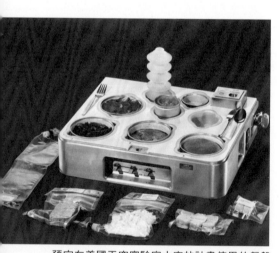

預定在美國天空實驗室太空站計畫使用的餐盤的特寫。

遠征一號（Expedition 1）火箭的菜單反映出合作共生的新氣象，俄式的羅宋湯和酸奶牛肉與西式的乳酪通心麵和布朗尼並陳。每日四餐以 6 天為一個循環，在 136 天裡餵飽三位男性太空人。不過，即使是在地球上方 5 百公里遠的地方，還是有些事情與地面沒有差別：誰喝咖啡加

不加糖都詳加記錄，以確保沒有人會因為喝錯飲料而壞了心情。餐點是依照從早餐到宵夜的傳統模式區分。當你住的地方每一個半小時繞行地球一圈，就無法仰賴太陽設定生理時鐘了，所以定時用餐這類例行程序有助太空人維持身心健康。

如同所有的旅行食物，太空站菜單能有怎樣內容，也很倚重可行的保存技術。國際太空站的食物有五種保存形式：

1：熱穩定食品——例如煮熟的鮪魚或烤雞，以袋裝或罐裝封存。
2：脫水食品——例如乾燥的薯泥粉或義式長麵條，沖泡熱水食用。
3：輻照食品——事先以輻射殺菌過的食品，例如牛排。
4：中濕性食品——例如杏桃乾或麵包，含水量低，可長期保存。
5：自然型態食品——例如餅乾或花生醬，就跟在地球老家一模一樣。

雖然太空站的常態菜單缺乏新鮮蔬果，運來新補給品或新站員的火箭通常也會帶來新鮮食物，但因為站上沒有冷藏系統，這類食物必須盡快吃完，這也代表冷飲再冷也只是溫溫的。

因為國際太空站的供電方式，早期任務的菜單上比較常見脫水食品。過去的火箭與太空梭以燃料電池為動力來源，電池運作時會附帶產生水，這些水會用於沖泡脫水食品。不過現在的國際太空站是用太陽能板發電，所以水必須從空氣中回收利用。

食物要是不合太空人的口味（雖然他們在啟程前都試吃與挑選過菜色），他們也可以加調味料，而且辣椒醬特別受歡迎。這是因為在無重力狀態中，液體排出人體的方式與在地球上不同，因此駐站成員經常抱怨他們覺得鼻塞。就像任何一個傷風感冒的

第一天

第一餐

茅屋乳酪與堅果（R）
李子櫻桃甜點（IM）
俄式餅乾（NF）
無糖茶

第二餐

調味炒蛋（R）
香腸餡餅（R）
燕麥粥加葡萄乾與香料（R）
威化餅（T）
柳橙葡萄柚汁（B）
黑咖啡（B）

第三餐

蔬菜濃湯（R）
雞肉飯（T）
莫斯科裸麥麵包（IM）
蘋果水蜜桃果肉果汁（R）

第四餐

焗烤火雞奶醬麵（R）
番茄與茄子（T）
奶油酥餅（NF）
水果沙拉（T）
綜合熱帶果汁（B）

第二天

第一餐

乾果李雞肉（T）
蕎麥粥（R）
—雪帕德＆吉德津科
牛奶蕎麥粥（R）—克里卡廖夫
沃斯托克餅乾（NF）
無糖咖啡（R）—克里卡廖夫
牛奶（R）—雪帕德
杏桃果肉果汁（R）—吉德津科

第二餐

鮪魚沙拉抹醬（T）
乳酪通心麵（R）
蘇打餅乾（NF）
蘑菇四季豆（T）
檸檬水（B）

第三餐

卡爾喬羊肉湯（R）—雪帕德＆
吉德津科
蔬菜濃湯（R）—克里卡廖夫
蔬菜牛肉（R）
俄式傳統裸麥酸麵包（IM）—
克里卡廖夫
小餐包（IM）—雪帕德＆吉德
津科
水蜜桃黑醋栗果肉果汁（R）
甜茶

第四餐

火腿（T）
焗烤馬鈴薯（R）
奶油酥餅（NF）
梨子（T）
柳橙葡萄柚汁（B）

第三天

第一餐

茅屋乳酪與堅果（R）
李子櫻桃甜點（IM）
甜咖啡（R）

第二餐

烤雞（T）
奶油飯（T）
鮮奶油菠菜（R）
鳳梨（T）
葡萄柚汁（B）

第三餐

菫羅宋湯（R）
義大利肉醬細麵（T）
—雪帕德＆吉德津科
肉塊蕎麥粥（R）—克里卡廖夫
俄式傳統裸麥酸麵包（IM）
榛果（NF）
甜茶（R）
蘋果黑醋栗果肉果汁（R）

第四餐

酸奶牛肉佐麵條
小餐包（NF）
奶油餅乾（NF）
柳橙芒果汁（B）

第四天

第一餐
羅西斯基乳酪（T）
蜂蜜蛋糕（IM）
蘋果李子穀麥棒（IM）
甜咖啡
—克里卡廖夫＆吉德津科

第二餐
牛肉餡餅（R）
乳酪花椰菜（R）
巧克力布丁（T）
柳橙鳳梨汁（B）
科納黑咖啡（B）

第三餐
俄式農夫湯（R）
匈牙利牛肉湯（T）
洋蔥馬鈴薯泥（R）
莫斯科裸麥麵包（R）
甜茶（R）
水蜜桃杏桃果肉果汁

第四餐
照燒雞（R）
雞肉飯（R）
水蜜桃（T）
杏仁（NF）
鳳梨汁（B）

第五天

第一餐
茅屋乳酪與堅果（R）
蜂蜜蛋糕（IM）
杏桃乾（IM）
沃斯托克餅乾（NF）
無糖咖啡（R）—雪帕德
甜咖啡（R）—克里卡廖夫＆吉德津科

第二餐
義大利肉醬麵（R）
焗烤綠花椰（R）
布朗尼蛋糕（NF）
鳳梨汁（B）
香草早餐飲料（B）

第三餐
醃黃瓜佐肉湯（R）
豬肉馬鈴薯（T）
俄式傳統裸麥酸麵包（IM）
葡萄李子果肉果汁（R）
甜茶

第四餐
燻火雞（I）
義式蔬菜（R）
草莓（R）
果麥棒（NF）
葡萄汁（B）

第六天

第一餐
雞肉燕麥粥（T）
奶汁豌豆（R）
乾果李鑲堅果（IM）
俄式餅乾（NF）
甜茶（R）

第二餐
烤雞（T）
奶油飯（T）
鮮奶油菠菜（R）
鳳梨（T）
葡萄柚汁（B）

第三餐
酸菜湯（R）—雪帕德
肉塊大麥糊（T）—雪帕德
蔬菜濃湯（R）—克里卡廖夫
白醬雞肉（T）—克里卡廖夫
茄汁鯛魚（T）—克里卡廖夫
馬鈴薯泥（R）—吉德津科
莫斯科裸麥麵包（IM）
杏桃果肉果汁（R）

第四餐
鮮蝦盅（R）
牛排（I）
玉米（R）
蘋果醬（T）
柳橙汁（B）

（B）飲料
（R）復水食品

（IM）中濕性食品
（T）熱穩定食品

（I）輻照食品
（NF）自然型態食品

人都會告訴你的，鼻塞會害食物吃起來沒味道。然而，在太空站裡又不能灑鹽與胡椒，因為在無重力狀態下，這些佐料飛進控制面板的機率，就跟它們乖乖留在食物上調味的機率一樣高，所以太空人會改為食物塗抹鹽膏與胡椒膏。基於同樣原因，比較不會掉屑的薄麵餅成為比其他麵點更適合的選項，此外薄麵餅的卡路里含量比較高，也比傳統麵包更耐放。

　　國際太空站看似在宣揚人類的團結合作，然而實際上，西方國家與俄國的太空人在大多時間裡都是分開生活。他們在站上不同區域工作和睡覺，也鮮少交流各自進行的研究與實驗。就跟在地球上一樣，把他們聚在一起的是用餐時間。雖然每人各有各的食物，而且是由地球上的各國團隊分別準備和運送，不過這些太空人會一起吃飯，用俄國的魚罐頭交換美國的糕點，用果麥棒交換茅屋乳酪。

第二章

小館與餐廳

我們的跨國漫遊涵蓋了令英國人懷念不已的里昂街角小館，
紐約史無前例的女性主義午宴，瑞士的全球第一家素食餐廳，
以及炫技如魔術的西班牙鬥牛犬餐廳告別作。

英國第一家印度餐廳

1810 年

英國的咖哩餐廳估計有 3 萬家，是最受歡迎的外食選擇。一般往往認為英國第一家咖哩餐廳出現在 1960 或 70 年代，不過早在 1810 年，塞克‧迪恩‧穆和莫德（Sake Dean Mahomed）就開了英國第一家印度餐廳——位於倫敦馬里波恩區（Marylebone）的印度史坦餐廳與水菸俱樂部（Hindoostane Dinner and Hooka Smoking Club）。

他的菜單結合了印度香料與那年代的熱門食材——龍蝦、小牛肉與鳳梨（想更了解喬治時代的英國人對鳳梨的熱愛，見頁 88）。使用這些流行的食材非常重要，因為這家餐廳的服務對象不是從倫敦港口上岸的印度水手，而是英國中產階級食客，餐點價格也不便宜。一客鳳梨手抓飯要價相當於今天的 122 英鎊，就連一道小羊肉椰奶咖哩都要相當於今天的 30 英鎊。

穆和莫德的餐廳開張時，咖哩在英國已很普遍。

菜單	
玉米手抓飯	£ 1.1.0
鳳梨手抓飯	£ 1.16.0
雞肉手抓飯	£ 1.1.0
小羊肉手抓飯	£ 1.1.0
雞肉咖哩	£ 0.12.0
龍蝦咖哩	£ 0.12.0
小羊肉／小牛肉椰奶咖哩 [4]	£ 0.8.0

附麵包、酸辣醬與與其他本店
專屬印度風味菜

塞克・迪恩・穆和莫德

漢娜・葛拉斯（Hannah Glasse）於 1747 年出版的《簡明烹飪之道》（*The Art Of Cookery Made Plain and Simple*）就有咖哩和香料飯的食譜，不過口味溫和，調味用的是莞荽、胡椒、各種香草與檸檬汁。後來英國東印度公司把印度拱上大英帝國的中心位置，葛縷子、葫蘆巴籽、薑與孜然才開始流行起來。穆和莫德打的如意算盤，就是從英國人對辛香食物日增的喜好賺上一筆。

他在《泰晤士報》上大打廣告，告知顧客「各位先生女士若想要精心擺盤的印式晚餐直送到府，敬請按時光顧……」，換句話說，他的餐廳也在英國首開先例，外送印度菜。

穆和莫德於 1759 年在孟加拉出生，他以外科見習生的身分加入英國東印度公司的軍隊，後來獲拔擢為上尉。他在 1782 年辭職，搬到愛爾蘭的科克（Cork），在那裡與珍・戴利（Jane Daly）相遇，兩人私奔成婚，最後在倫敦安家。穆和莫德就是在倫敦時，從英國東印度公司前雇員身上看見對印度食物的需求正在成長。

可惜他的餐廳在兩年後經營失敗。他被宣告破產,不得不搬到布來頓(Brighton),在那裡擔任管家與貼身侍從。不過穆和莫德後來再度崛起,成為英王喬治四世與威廉四世的「泡澡醫師」。

我們能得知穆和莫德餐廳的菜單內容是出於難得的幸運。印刷菜單在喬治時代的英國相形罕見,而這份菜單是在一本筆記簿裡發現的,上面以手工謄寫了 25 道菜,全部標有價格。執筆人承認這份清單並不全備,在最後寫道「另有諸多各式菜色不及備載」。不論完整與否,在 2018 年 6 月,寫有這份珍稀菜單的筆記簿以超過 8,500 英鎊拍賣售出。

雞肉香料飯佐優格醬

6 人份

雞肉醃料

1/2 小匙薑黃粉

1/2 小匙孜然粉

2 小匙芫荽籽粉

4 大匙原味優格

1 小匙鹽

500 公克雞胸肉丁

香料飯

8 枚腰果

2 小匙罌粟籽

3 大匙植物油

2 個白洋蔥，去皮切絲

2 大匙酥油或澄清奶油（非必要）

1 根肉桂

5 個豆蔻莢，壓碎

4 枚丁香

2 片肉豆蔻皮

2 片月桂葉

1 塊長約 2.5 公分的薑，削皮磨泥

3 瓣大蒜，去皮磨泥

2 根青辣椒，切絲

300 公克印度香米，浸泡備用

鹽與 1 小撮糖

優格醬

250 公克原味優格

半根黃瓜，削皮去籽，切小丁

1 小撮鹽

把所有香料、優格與鹽均勻混合即成醃料，加入雞肉丁後加蓋，置於冰箱醃入味備用。

用研磨杵臼把腰果與罌粟籽搗成泥，加入一大匙水使質地滑順。暫置一旁備用。

取一個鍋蓋可密合的厚底燉鍋，加入植物油熱鍋。以中火翻炒洋蔥絲 8 到 10 分鐘，洋蔥開始上色後從鍋中盛出，暫置一旁備用。

在燒熱的煎鍋中放入酥油（或再度使用植物油），把所有非粉狀的完整香料與月桂葉下鍋煎香 2 到 3 分鐘，再加入薑泥、蒜泥與辣椒絲。加入一大匙水，續煮一到兩分鐘。

加入腰果罌粟籽泥，再加入醃好的雞肉，中火煎 5 分鐘到雞肉開始上色。如果醬料有燒焦的跡象，可加入一大匙水並降低火力。在這個時候加鹽調味。加入浸泡過的米與 550 毫升水，加熱至微滾後蓋上密合的鍋蓋，續煮 20 分鐘，直到水分完全收乾、米飯熟透。

趁煮香料飯的同時，把優格、小黃瓜丁與鹽混合，即成優格醬。

香料飯完成後，趁熱佐優格醬享用。

炸魚薯條

1863 年到今日

THE FRIED FISH SHOP.

炸魚薯條這個絕配就如同花式滑冰雙人檔托薇爾與迪恩（Torvill and Dean）、喜劇二人組莫克姆與懷斯（Morecambe and Wise），以及風不離雨的天氣，都是再英國不過的代表。但事實上，這道國菜的前身是街頭小吃酥炸魚，而且是在十七世紀時，從葡萄牙與西班牙抵達英國的猶太難民所帶來的食物。引進薯條的另有其人，也就是緊接著猶太人到來的法國與比利時雨格諾新教徒（Huguenot）。英國人的功勞只是把這兩樣東西湊成一對，而讓這道組合成為傳奇的則是工業革命。

英國城市人口在十九世紀中葉暴增，工作重心從家庭轉移到工廠，家家戶戶每個人都在那裡幹活，家裡經常沒人準備一天勞動結束後要吃的食物。結果就是市場上出現了對便宜熱食的需求，而且要能對從作坊與工廠下班的整批次勞工大量販售。在 1841 年出生的女孩子，不會預期能活到 43 歲生日，所以那種食物就算高鹽高油也無所謂。

➤ 菜單 ⬤

炸魚（鱈魚、黑線鱈、
無鬚鱈或岩鮭）

薯條

魚肉薯餅

豌豆泥

咖哩醬

如果說工業革命使炸魚薯條成為誘人選項，那麼工業革命也使不可能成為可能。多虧有了新式拖網捕魚法與蒸氣船，市面上出現大量平價的鱈魚、無鬚鱈與黑線鱈，鐵路也讓新鮮魚貨得以運送到英國中部與北部的工業城鎮。東北部的人偏好黑線鱈，西北部是無鬚鱈，南部人喜歡岩鮭，鱈魚則在各地都受歡迎。

至於是誰開了第一家炸魚薯條店，就是英國人戰南北的導火線了。倫敦人會說約瑟夫・馬林（Joseph Malin），他的炸魚薯條店在 1860 年於東倫敦開張，拔得頭籌。北方人會說約翰・李斯（John Lees），他的店鋪位於奧丹（Oldham）附近的莫斯利（Mossley）。不論誰是第一，到了 1930 年，全英國各地已經有超過 35,000 家炸魚薯條店林立。

約 1935 年前後，倫敦加里東市場。

炸魚薯條成為英國文化如此重要的一環，二戰期間的英國政府甚至覺得這不能限量配給，以免打擊士氣。但這不代表魚肉一直供應無虞，魚肉薯餅就在戰時應運而生——通常是取少到要用顯微鏡才看得到的魚肉，包夾在兩塊馬鈴薯片之間，再裹上麵衣油炸。里茲（Leeds）的布萊恩炸魚店（Bryan's fish shop）在供應魚肉薯餅時警告：「致顧客：本店不建議拿魚肉薯餅沾醋食用。」

在標準的炸魚薯條菜單上，豌豆泥是唯一的蔬菜——乾燥的大豌豆浸泡過夜，再加小蘇打與鹽烹煮。即使愛之與恨之者等量齊觀，這仍是工業時代的理想菜色。這種豌豆不是生鮮品，所以不會腐敗，在減少廢棄率之餘，成本也隨之降低。乾燥豌豆的運費低廉，也不會隨季節異動或出現品質變化——正如同所有的優良工業加工品，一年 365 天，豌豆都能用便宜且一貫的工序壓製成泥。

移民在十八與十九世紀把炸魚薯條引進英國，到了二十世紀，這一回是來自南亞的新移民改良了菜單，讓咖哩醬成為豌豆泥之外的另一種潤口選擇。除此之外，這些新移民也帶來其他菜色挑動外帶食客的興趣——炸菜餅（bhaji）、醬爆咖哩（bhuna）與香飯（biryani）。美國文化在二戰結束後大行其道，漢堡與炸雞店接踵而至，炸魚薯條開始失去稱霸週五夜晚的優勢。

雖然名演員凱特・溫斯蕾在婚禮上端出炸魚薯條，許多人要是沒拿免洗木叉吃一客炸魚薯條，也會覺得白走了海濱一趟，不過這種小吃還是在 1930 年代的鼎盛期之後開始沒落。如今全英國只剩 10,500 家炸魚薯條店，咖哩取而代之，成為最熱門的外帶食品。

第一次女士專場午餐

1868 年，紐約戴爾莫尼克餐廳

這份 1899 年的菜單上有哪些食物，幾乎完全不重要（還是順道一提：有大量烏龜肉，湯品跟醬料裡都有），重點在於，這是有史以來印製的第一份女士專場午餐菜單，現在收藏於紐約公立圖書館，為美國女性邁向解放之路留下印記。

紐約的戴爾莫尼克（Delmonico's）堪稱全美國最知名的餐廳。在這場女性專場午餐 30 年 *5 前的 1868 年 4 月 18 日，為了款待在美國舉辦巡迴朗讀會的英國名作家查爾斯·狄更斯，紐約記者俱樂部就在這裡舉辦了一場致敬晚宴。只不過，完全沒有女性受邀出席。沒錯，那個年代的婦女只有在男性陪伴下才能出入餐廳。

女記者珍·康寧漢·可麗（Jane Cunningham Croly）不能接受這種作法，向俱樂部提出抗議；當時她以珍妮·茱恩（Jennie June）為筆名撰文，大力倡導改善女性工作待遇。最後俱樂部不情不願地讓步，鬆口讓可麗與其他女記者參加，不過她們必須被隔離在簾幕之後用餐，而可麗拒絕了這個條件。

兩天後，可麗與十幾名婦女一起踏進戴爾莫尼克的大門。這群女性都出身中上階級也都有工作，而這也是後續成立的美國第一個職業婦女協會「桑果」（Sorosis）的首次聚會——這是一個植物學名詞，指的是由多個花朵子房聚合成的果實。她們與餐廳老闆羅倫佐·戴爾莫尼克（Lorenzo Delmonico）商量，解釋她們想在這裡吃午餐，而且不想與男性同桌。羅倫佐同意了，也就此締

Menu

Huîtres

Potages

Tortue verte
Consommé Souveraine

Hors d'oeuvre

Radis   Olives   Céleri

Poisson

Truites à la meunière
Pommes de terre, Laurette
Concombres

Relevé

Selle d'agneau, sauce Colbert
Céleri braisé

Entrées

Terrapène à la Maryland

———

Asperges nouvelles, sauce Hollandaise

———

Sorbet au kirsch

Rôts

Pluviers
Salade chiffonade

Entremets de douceur

Coupole St. Charles
Gâteaux
Fromage
Café

Lundi, 3 Avril, 1899
DELMONICOS

— 菜單 —

生蠔

湯品

綠蠵龜湯

君王高湯

開胃小菜

櫻桃蘿蔔／橄欖／芹菜

魚肉料理

鱒魚佐奶油醬汁

蘿蕾特馬鈴薯 *6

黃瓜

前菜

小羊腰脊肉佐奶油醬汁

煨芹菜

主菜

馬里蘭風味箱龜

嫩蘆筍佐荷蘭醬

櫻桃酒雪酪

烤肉

鵪肉

生菜絲沙拉

甜點

聖嘉祿圓頂冰淇淋蛋糕

蛋糕

乳酪

咖啡

1899 年 4 月 3 號星期一

戴爾莫尼克餐廳

造歷史，讓戴爾莫尼克成為這個女性俱樂部的正式聚會地點。到了那年年底，桑果的會員成長到將近一百人，並且協助在全國各地創立類似的女性俱樂部。然而其他的餐廳沒有那麼開明，直到1960年代，仍有些餐廳奉行女性得有男性伴護的規矩。時至今日，在世界上的某些地區，非夫妻或近親的男女仍禁止一起用餐，印尼的某些省分就是例子。

第一家素食餐廳

1898 年，蘇黎世希爾特之家

外出用餐要避免葷食向來都不是難事，然而根據《金氏世界紀錄》（Guinness World Records）的明確記載，世界上歷史最悠久的素食餐廳，是 1898 年 7 月 3 號在瑞士蘇黎世創立的希爾特之家（Haus Hiltl）。下頁就是來自希爾特之家開張那一年的菜單，當時這家餐廳叫做「素食與節制小館」（Vegetarierheim und Abstinenz Café）。

生於巴伐利亞的安布羅修斯・希爾特（Ambrosius Hiltl）在小館開張 6 年後接手經營，而素食在那年頭還是頗為古怪的概念，專營素食的餐廳更是異數。這對希爾特來說是轉換職涯跑道再出發，他在此之前是裁縫，不過素食的概念令他大為折服，並且把他的風濕病痊癒歸功於瑞士營養師麥西米蘭・布確—班納（Maximilian Bircher-Benner）為他設計的無葷飲食；布確—班納就是讓什錦果乾燕麥（muesli）聞名於世的人。

安布羅修斯最後交棒給兩位兒子華特（Walter）與李奧納（Leonard），而李奧納的妻子瑪格麗絲（Margrith）在 1951 年參加了德里的世界素食大會（World Vegetarian Congress）以後，又著手把印度烹飪的元素加入菜單。這家餐廳繼續獲得成功並擴大經營，如今是由家族第四代成員羅夫（Rolf）掌舵，以希爾特為總品牌，多角經營餐飲事業。目前在蘇黎世市有 7 家希爾特餐廳，擴大經營的範圍還包括希爾特廚藝學校、烹飪課程與廚藝派對，他們也是瑞士第一家素肉製造商。

Alkoholhaltige Getränke werden nicht verabreicht.

„Vegetarierheim"
Vegetarisches Speisehaus Abstinenz-Café

Speise-Karte.

Zürich, den 6. November 1898

Suppe:		Mehlspeisen:	
Kraftbrühe m. Einlage	15	Gries in Milch	20
		mit Obst	25
Körner- und Hülsenfrüchte:		Strudel gefüllt	25
Weisse Bohnen	15	Gugelhopf	25
Salate		Apfel im Schlafrock	15
Kopfsalat (mit Ei 35)	20	**Obst und Kompots:**	
Karottensalat	20	Zwetschgen	15
Rettichsalat	20	Apfel	20
Gemischten Salat	20	Gemischtes	25
Rosenkohl	25	**Verschiedenes:**	
Gemüse:		Himbeeren	20
Kohlrabi	25	Grahambrot 1 Stück	05
Gemüse allerlei	35	Apfelsaft per Glas	10
Spinat (mit Ei 40)	25	Limonade	10
Carfiol gebacken	35	Milch	10
mit Salat	55	Milchkaffee Tasse	10
Butterreis	20	Schwarztee, Kräutertee	10
Kartoffelstock	10		

63

蘇黎世希爾特之家

　　目前留存最古老的希爾特之家菜單來自 1898 年 10 月 12 日，
當天的餐點從本日例湯開始，接下來是沙拉（雞蛋黃瓜泥）以及
各色蔬食（芽菜、煨白包心菜、雞蛋菠菜、豌豆紅蘿蔔、奶油花
椰菜、烤花椰菜佐沙拉、奶油馬鈴薯、酸奶馬鈴薯、烤馬鈴薯）。

　　至於食客可以享用的穀物類（Mehlspeisen）則有水果牛奶粥、
炒飯、水果麵包、奶油布丁，或是炒通心麵。壓軸的是西洋李、
接骨木果、蘋果、覆盆子、梨子果醬、李子與葡萄。所有價格單
位都是瑞士當時的貨幣「Rappen」。

　　即使你的德文程度不錯，這份菜單上的某些拼字可能還是會
令你困惑，因為在十九世紀，部分德文字彙以「c」取代今日的

「k」，例如現代的花椰菜「Karfiol」在當時寫成「Carfiol」，你可以在菜單第一欄的倒數第四行、「Gemüse」（蔬菜）項目之下看到這個字。

這家餐廳現今的菜單已有所改變，餐點仍包含招牌的希爾特韃靼風蔬菜（Hiltl Tatar，有秋葵、茄子與多種香料），豆奶巧克力慕斯，以及純素的葡萄酒單（1898 年的菜單明確表示不供應酒精飲料），此外也有豐盛的冷熱食自助餐。

2018 年，瑞士在一項調查中名列歐洲最適合素食者的國家。該國有大約 3％人口不吃肉，並且有將近 1/5 的瑞士人說自己是「彈性素食主義者」（Flexitarian），偶爾才吃肉。

素食與節制小館的成員。

藍雉茶館

1921-22 年

現今的美國邁阿密都會區有超過六百萬居民，不過在 1890 年代，也就是裝飾藝術（Art-deco）建築成為邁阿密沿岸經典

Beverages
Afternoon Tea
   Cup .15
   Pot .25

   Blue Pheasant Special
Formosa Oolong – Orlof
Orange Pekoe – Ceylon
English Breakfast – Kohinoor
Sun-baked Japan – Nassac
Yerbé Mate – Paraguay
Special – Jasmine Tea,
   Imported Direct
   Cup .25
   Pot .25

Cuban coffee, per cup .25
Cocoa, per cup .25
Cocoa, with whipped cream .30
Malted milk, hot or iced .25
Limeade, per glass .25
Mint Limeade .25
Blue Pheasant Punch .30
Orange juice, per glass .25
Coco de Agua .30

Note: special arrangement may be
made for luncheons and parties

Buttered Toast with Grated Cheese .25
Cinnamon Toast .25
Buttered Toast with Marmalade
[Grape-Fruit, Orange, Kumquat,
Panama Orange, Guava] .30
Blue Pheasant Sandwhich .30
Orange Sandwhich .30
Nut Bread Sandwhich .25
Cucumber Sandwhich .25
Lettuce Sandwhich .25
Cream Cheese Sandwhich .25
   [Olive, Nut or Pepper]
Jam Sandwhich .20
Blue Pheasant Salad .40
Poinsettia Salad .40
Coconut Macaroons .25
Sponge Cakes .25
Cake, per slice .40

景觀的 40 年前，這裡放眼望去主要是一片鄉村風貌，零星分布的農莊裡住著拓荒先民。

芙蘿拉・麥克法蘭（Flora MacFarlane）是老師，農莊婦女孤立生活的景況讓她很掛心，所以她在 1891 年創立了佛羅里達州第一個婦女組織：主婦俱樂部（Housekeepers' Club），宗旨是讓女性「每週有兩小時與人作伴並學習」。只不過，這些女人可是拓荒者，她們做的遠遠不只如此。

飲品
下午茶
　　每杯　　　　　　　　　　.15
　　每壺　　　　　　　　　　.25

藍雉特調
福爾摩沙烏龍—歐洛夫牌
橙黃白毫—錫蘭
英式早餐紅茶—科希努爾
日曬日式綠茶—納薩克
瑪黛茶—巴拉圭
特別茶款
　—茉莉花茶，產地直送
　　每杯　　　　　　　　　　.25
　　每壺　　　　　　　　　　.25

古巴咖啡，每杯　　　　　　　.25
熱可可，每杯　　　　　　　　.25
熱可可加打發鮮奶油，每杯　　.30
麥芽奶，冰熱皆可　　　　　　.25
萊姆水，每杯　　　　　　　　.25

藍雉特調飲　　　　　　　　　.30
柳橙汁，每杯　　　　　　　　.25
椰子水　　　　　　　　　　　.30

奶油土司佐乳酪粉　　　　　　.25
肉桂土司　　　　　　　　　　.25
奶油土司佐柑橘醬（葡萄柚、
柳橙、金橘、四季橘、芭樂）　.30
藍雉三明治　　　　　　　　　.30
柳橙三明治　　　　　　　　　.30
堅果麵包三明治　　　　　　　.25
黃瓜三明治　　　　　　　　　.25
萵苣三明治　　　　　　　　　.25
奶油乳酪三明治　　　　　　　.25
（橄欖、堅果或甜椒）
果醬三明治　　　　　　　　　.20
藍雉沙拉　　　　　　　　　　.40
聖誕紅沙拉　　　　　　　　　.40
椰子馬卡龍　　　　　　　　　.25
海綿蛋糕　　　　　　　　　　.25
蛋糕，每小塊　　　　　　　　.40

註：可為午餐或派對聚餐做特別安排。

　　她們在園遊會上販賣手工藝品與茶水，把盈餘用來興建佛州第一座種族共融教堂、一間學校、一間圖書館，以及她們自己的俱樂部會所，全在十年內完工。到了二十世紀初，主婦俱樂部成為佛羅里達大沼澤地（Everglades）保育運動的中堅份子，她們買下開發人士想用於農耕的土地，宣導該地區野生生態的重要性。

　　1920 年，她們興建了一棟新的俱樂部會所，並且將部分場地用於經營藍雉茶館（Blue Pheasant Tea Room），以籌措更多工作基金。茶館最初的菜單很粗陋，是以手寫而成、用椰子纖維墊背。不過她們提供的茶飲可不一般──除了英式早餐紅茶，還有來自錫蘭、台灣、印度與日本的茶葉，甚至有茶館自己的特調。除此之外，她們也有瑪黛茶（Maté），茶飲愛好人士會告訴你這其實是一種花草茶而非茶葉，採自一種類似冬青的南美洲原生灌木。1773 年發生了波士頓茶黨事件，「自由之子」（Sons of Liberty）組織把三艘英國貨船載運的茶葉傾倒進波士頓港，抗議英國政府利用徵稅控制殖民地人民。事發後的幾年間，喝茶在美國被視為背叛殖民地的行為，這種觀感也協助咖啡穩固了飲料之王的地位。不過從藍雉茶館的飲料可以看到，茶飲在美國南方捲土重來。

　　這份菜單也反映出加勒比海地區對佛州文化的影響。雖然現在世界各地都把普通咖啡稱為「美式咖啡」（Americano），不過這在當時叫做古巴咖啡（Cuban）。在小黃瓜三明治與海綿蛋糕之間，也能看到椰子水和芭樂的蹤影。其他品項就沒什麼特別之處了，或許只有「聖誕紅沙拉」除外。這道沙拉並沒有拿聖誕紅入菜，只是設計成形似聖誕紅的樣子，所以在從前的耶誕節期間很受歡迎。萵苣葉上擺了鳳梨切片、奶油乳酪和糖漬櫻桃，再淋上沙拉醬……因為這道菜失傳而遺憾的人應該不多吧。

麥當勞餐廳

1943 年

沒有金色雙拱門，沒有麥當勞叔叔，也沒有大麥克——世界上第一家麥當勞的名字其實叫做「飛機場」（The Airdrome），是一個在加州蒙羅維亞（Monrovia）販賣熱狗與柳橙汁的攤販。等到 1940 年，莫里斯與理察‧麥當勞（Maurice and Richard McDonald）兄弟檔把生意搬到同樣位於加州的聖伯納迪諾（San Bernardino）經營，才首次採用了「麥當勞」這個經典的名字。

當時這家餐廳叫做麥當勞烤肉（McDonald's Bar-B-Que），店如其名，專營燒烤菜色，主打的宣傳口號是「本店自設烤爐，所有肉品當店燒烤」，比「我就喜歡」來得具體一些。在這裡吃烤牛肉、火腿或豬肉（加薯條）要價 35 美分，貴族漢堡是 25 美分，飲料可以選霜凍沙士（Frosted Root Beer）或巨人黑麥汁（Giant Malt），每罐 20 美分。8 年後，也就是上面這份菜單推出的 5 年後，這對兄弟檔醒悟到他們最賺錢的產品是漢堡，於是開發出獨家的「快速服務系統」（Speedee Service System）速食產製法，盡可能以最快速度供餐。後來企業家

菜單
燒烤牛肉、火腿或豬肉加薯條
貴族漢堡加薯條
烤乳酪三明治加薯條
花生醬果醬三明治加薯條
牛肉漢堡排加薯條
墨西哥粽與辣豆醬加薯條
辣豆醬
火腿佐茄汁焗豆
皇家漢堡佐辣豆醬與豆子

雷·克羅克（Ray Kroc）買下麥當勞的經營權，把它轉型成今天這個遍布全球的大企業，其規模之無遠弗屆，就連《經濟學人》（*The Economist*）雜誌都推出「大麥克指數」（Big Mac Index），藉由這種漢堡的當地售價來評估各國貨幣的價值。如同《經濟學人》所說，這麼做「讓匯率理論更平易近人」。

麥當勞在世界各國的菜單都會有所調整，以迎合各地口味與規範（雖然有些地方至今仍沒有麥當勞進駐，例如冰島與大多數非洲國家）。亞洲的許多麥當勞供應湯品，以色列有多家遵守猶太教教規的分店則不賣豬肉製品。至於他們之所以會開發出麥香魚，部分是為了招攬在大齋節期與週五禁食肉類的天主教顧客。

這也表示你可以在日本一嚐麥香蝦漢堡，到了馬來西亞又能

1950 年代的麥當勞餐廳。

吃到黑色竹炭漢堡包的韓式辣味堡，同一時間，你在新加坡的麥當勞可以享受灑了海苔的薯條。其他比較少見的美味選擇還有：

- 麥香雞粥（Bubur Ayam McD，馬來西亞）—根據麥當勞的說法，這是「美味的米粥配上香嫩多汁的雞絲，撒上蔥花、薑絲、紅蔥酥和辣椒丁。跟媽媽煮的一樣好吃！」
- 香芋派（中國）—紫芋頭做的甜點。
- 麥香咖哩餅（McCurry pan，印度）—奶醬咖哩蔬菜盛在香脆的麵皮裡。
- 紫色誘惑（Chicha Purple Temptation，秘魯）—紫玉米做成的布丁，這是秘魯國家代表飲品紫玉米汁（Chica morada）的變化發想。
- 麥香莎莎餅（McMollette，墨西哥）—早餐菜色，熱麵包上鋪著豆子、乳酪、莎莎醬。
- 肉汁乳酪薯條（Poutine，加拿大）—「香濃美味的肉汁？入口即化、讓人猛流口水的乳酪塊？加在我們名滿全球的薯條上？你最好別懷疑！」

現今在南韓釜山市的麥當勞菜單。

71

不是所有的創意都禁得起時間考驗。呼拉堡（Hula Burger）是夾著一層鳳梨、一層乳酪的漢堡，現在已不復見；麥香低脂健康堡（McLean Deluxe）也是，這是 91% 不含脂肪的牛肉漢堡。名字令人叫絕的「麥香鈕倫堡」（McNürn burger）是在漢堡包裡夾了三片德式香腸（Bratwurst）加芥末和洋蔥，在德國卻不叫座。麥香熱狗（McHotDog）的成績差強人意，季節性的麥香龍蝦堡（McLobster）也賣得不好。麥香非洲三明治（McAfrika，用皮塔餅包夾牛肉、乳酪和番茄的三明治）就比較慘烈了，這項產品在 2002 年推出時，許多非洲國家正面臨飢荒，導致麥當勞陷入公關災難，結果是把它迅速下架。

麥當勞的「隱藏菜單」上還有許多引人入勝的傳說，不過這些似乎只是拿多種產品拼湊成的大雜燴，例如海陸空漢堡（Land, Sea and Air Burger，有兩片牛肉漢堡排、兩片雞肉漢堡排、一片麥香魚排）就是個例子，而不是什麼違法祕製的麥香獾排（Filet-O-Badger）。

里昂街角小館

1950 年代

如果以顏色來代表，1950 年代的英國應該是灰色。當時英國主要城市最大的特色是霧霾——1952 年的大霧霾（Great Smog）導致倫敦超過一萬人喪生，整座城市也幾近完全停擺。物資配給制在二戰期間開始實施，到戰爭結束 9 年後的 1954 年總算告終——肉品與培根「自配給名單除名」。英國或許贏了戰爭，然而整個國家形同破產，掙扎著復甦。

里昂街角小館（Lyons' Corner House）為倫敦的勞動階級提供一個歇腳處，暫時逃離乏味又煙霧瀰漫的苦日子。這些餐廳是這家連鎖公司的旗艦經營點，占地最廣的一家位於考文垂大街（Coventry street），一次最多能容納兩千人，不只是當時全世界最大的餐廳，五層樓也各有不同主題布置與不同的菜單。藝術裝飾風的裝潢加上管弦樂團現場演出，使得街角小館比公司食堂體面多了，比起里昂在市場上的競爭對手——無酵母麵包公司（Aerated Bread Company）經營的 ABC 小館（ABC café），也稍微更高檔一些。

在那個年代，大多數民眾的年度假期不過是在海濱過上一週，而

里昂街角小館開幕日的女服務生。

這份「歐陸美食特餐」菜單可說是帶食客走了一趟歐洲之旅──搭乘的交通工具是一片土司。可以看到全部食材都以土司墊底，菜色或許有冷熱可選，但永遠都是配土司。

透過里昂街角小館的「維也納餐」、「義大利餐」與「普羅旺斯沙拉」，許多英國食客首次認識到雅緻的歐式食材，例如橄欖、沙拉米香腸和鰻魚，再與馬鈴薯沙拉和火腿生菜這類日常菜色結合，創造出不失熟悉卻又略添趣味的餐點，比顧客原先的預期要好那麼一點點。

里昂街角小館菜單封面。

1 俾斯麥餐 9d.*7 奶油黑麵包，醃鯡魚，馬鈴薯沙拉，番茄，萵苣。

2 挪威餐 1/7 奶油土司，煙燻鮭魚，檸檬，魚子。

3 牛津餐 1/2 奶油土司，番茄，蛋，大蝦，馬鈴薯沙拉，豌豆。

4 義大利餐 10d. 什錦義大利沙拉米香腸佐法式麵包與奶油。

12 提羅爾餐 1/6 奶油土司，未熟牛排薄片，馬鈴薯沙拉，炸洋蔥。

13 英格蘭餐 1/2 奶油土司，烤牛肉，馬鈴薯沙拉，萵苣，辣根泥與水芹。

14 普羅旺斯沙拉 11d. 奶油土司，番茄，馬鈴薯沙拉，萵苣，蛋，鰻魚片，煙燻鯡魚片。

15 波札爾斯基餐 10d. 奶油土司，雞肉片，馬鈴薯豌豆沙拉，番茄，萵苣。

1 **BISMARK** 9d.
Brown Bread and Butter, Pickled Herrings, Potato Salad, Tomato, Lettuce.

2 **NORVÉGIENNE** 1/7
Buttered Toast, Smoked Salmon, Lemon, Caviare.

3 **OXFORD** 1/2
Buttered Toast, Tomato, Egg, Prawns, Potato Salad, Peas.

4 **ITALIENNE** 10d.
Mixed Italian Salamis with French Bread and Butter.

12 **TYROLIENNE** 1/6
Buttered Toast, Sliced Underdone Steak, Potato Salad, Fried Onions.

13 **ANGLAISE** 1/2
Buttered Toast, Roast Beef, Potato Salad, Lettuce, Horseradish & Watercress.

14 **SALADE PROVENCALE** 11d.
Buttered Toast, Tomato, Potato Salad, Lettuce, Egg, Fillet of Anchovies, Fillet Smoked Herrings.

15 **POJARSKI** 10d.
Buttered Toast, Chicken Cutlet, Potato and Peas Salad, Tomato, Lettuce.

　　這些菜單光是全彩印刷附加餐點照片就令人驚喜，里昂公司也把這個行銷手法沿用於旗下的溫比（Wimpy），這個連鎖漢堡店的首家分店於 1954 年在牛津街（Oxford Street）開張。

　　在 1950 年代的英國，法國餐廳是精緻高雅的最佳典範。即使你吃的不是法國菜，只要用帶有法國味的詞彙來形容，格調也能提升個一、兩級。在里昂街角小館，即使是最盎格魯撒克遜的本土菜，名稱也耍了點法式花招——火腿番茄土司的「約克餐」用法語寫成「Yorkaise」，烤牛肉土司的「英國餐」則是「Anglaise」。然而，菜單的用語也隱約透露英國人並未全心接納歐式烹飪——例如，「提羅爾餐」（Tyrolienne）對其中切片牛排的形容並不是「粉紅」（Pink）或「一分熟」（Rare），而是「未熟」（Underdone），換句話說，這牛排沒煎到該有的程度！

　　里昂街角小館或許不能與薩伏依酒店（Savoy）相提並論，卻是一般民眾負擔得起的高級享受，無數顧客都曾來此光顧。1950 年代住在倫敦或來首都一遊的人，幾乎都有上街角小館慶生或初次約會的回憶。里昂街角小館就跟紅色雙層巴士、黑色計程車與轟炸紀念地點一樣，儼然成為倫敦的同義詞。

鬥牛犬餐廳最後的晚餐

2011 年 7 月 30 日

　　有些菜單有特定主題，有些菜單遵循傳統，還有些菜單就是要教人嘖嘖稱奇。鬥牛犬餐廳（elBulli）位於西班牙加泰隆尼亞，在名廚費蘭·阿德里亞（Ferran Adrià）主持期間，顧客能在這裡品嚐到分子美食料理的極致典範，說他們是用一種體面的方式把玩食物也不為過。

　　這家米其林三星餐廳座落於布拉瓦海岸（Costa Brava），在阿德里亞於 1987 年接管前已經成功經營了 25 年，而他嶄新的烹調手法使得鬥牛犬（以餐廳老闆的愛犬命名）迅速竄紅國際，人人都知道這是可能要用鑷子而非叉子吃東西的那種地方，他們的「炸魚薯條」指的是碟型橄欖油片與蛤蜊蛋白酥。

　　菸草口味的「燻慕斯」泡沫、標新立異的實驗性菜色「帕馬森冷凍空氣」，這些創作或許不是人人都能接受，不過每年還是有超過 1 百萬人想訂位，其中只有大約 8 千人有幸成為鬥牛犬的座上賓，每人的餐費是 250 英鎊（不含酒水）。即使如此一位難求，阿德里亞仍堅稱他們從未賺錢，一年其實會虧損 40 萬英鎊，因為餐廳為了準備新菜單會長期閉關研發，之所以能繼續營業，全有賴贊助、出版書籍與廣告合約。

　　鬥牛犬端出的最後一餐是在 2011 年 7 月底，那是一場有 49 道菜的華麗饗宴，其中不乏往昔的招牌菜色。從菜單上的第一道菜就很能看出這一餐會有怎樣風格——一杯無糖馬丁尼，但不是

☐ 1：無糖馬丁尼

☐ 2：莫希托—卡琵莉亞

☐ 3：莫希托蘋果長棍

☐ 4：琴費士

☐ 5：橄欖晶球

☐ 6：仿花生

☐ 7：開心果義大利餃

☐ 8：帕馬森乳酪棒

☐ 9：帕馬森乳酪馬卡龍

☐ 10：哥岡卓拉氣球

☐ 11：橄欖油片

☐ 12：花蜜漬花

☐ 13：押花紙

☐ 14：軟杏仁

☐ 15：番茄麵包

☐ 16：黃金蛋

☐ 17：蛤蜊蛋白酥

☐ 18：液態可樂餅

☐ 19：燻慕斯

☐ 20：墨魚椰子義大利餃

☐ 21：黃豆結晶

☐ 22：檸檬海苔義大利餃

☐ 23：火柴

☐ 24：握壽司

☐ 25：水煮蝦

☐ 26：一蝦兩吃

☐ 27：玫瑰火腿餛飩佐檸檬水

☐ 28：火腿薑片小點

☐ 29：乳酪麵包

☐ 30：冰鎮鴨肝醬藜麥

☐ 31：白蒜

☐ 32：小牛骨髓佐魚子醬

☐ 33：松子涮涮鍋

☐ 34：液態榛果棒

☐ 35：咖哩雞

☐ 36：酸漬生龍蝦

☐ 37：瓦哈卡卷餅

☐ 38：白蒜西班牙冷湯

☐ 39：海參

☐ 40：炸野兔小點

☐ 41：野味卡布其諾

☐ 42：黑莓義大利燉飯佐野味與肉醬

☐ 43：野兔里脊佐兔血

☐ 44：香料盤

☐ 45：冰茶「骨片」佐糖漬薄荷

☐ 46：覆盆子果茶

☐ 47：蜜桃號角

☐ 48：蜜桃火鍋

☐ 49：寶盒

盛在酒杯裡上桌，而是以橄欖汁重構成一枚橄欖狀小球，等客人把它放到舌頭上，再噴上杜松子酒與苦艾酒。以下舉其中幾道菜為例：

- 橄欖晶球——以阿德里亞發明的晶球化（spherification）技術製作，內部填滿濃縮橄欖汁。
- 莫希托蘋果長棍——所謂「長棍」並不是老套的麵包，而是以澄清蘋果汁製成的脫水甲基纖維素泡沫。
- 哥岡卓拉氣球——以冷凍的哥岡卓拉乳酪製成鴕鳥蛋大小的空心球體，頂端灑了肉豆蔻粉。因為融化得很快，所以得盡快大口吃完，以免這道菜在指尖四分五裂。
- 野味卡布其諾——野味湯，上覆一層肉打成的霜狀泡沫。
- 押花紙——押入天竹葵、玫瑰與三色堇的棉花糖紙。
- 寶盒——精選巧克力，其中一枚的外觀有如粉紅珊瑚（裹著酸味覆盆子果粉的黑巧克力）。

　　事實上，這並非鬥牛犬真正的告別作。在所有付費顧客離開後，阿德里亞另擬了一份菜單招待大約 50 名至親好友。這一餐雖然也有一座由烘焙名廚克里斯提安・艾斯奇巴（Christian Escribà）操刀、重達 40 公斤的鬥牛犬造型蛋白酥，不過阿德里亞這位烹飪煉金術士上的最後一道菜，是一客傳統而樸實無華的蜜桃冰淇淋。

第三章

皇室與政治

一人花 20 萬英鎊能在伊朗吃到什麼？

為什麼美國羅斯福總統請英國國王吃熱狗？

鳳梨如何串起喬治四世的加冕典禮和羅伯特‧達德利

為伊莉莎白一世舉行的宴會？見本章說分明。

英王亨利八世的肉食日菜單

1526 年

1526 年，托馬斯‧沃爾西主教（Cardinal Thomas Wolsey）與宮廷政敵鬥爭正酣，並為此發布了《艾爾特姆條例》（*Eltham Ordinance*）。這部改革法案規範了英王亨利八世（Henry VIII）的日常生活起居，並且讓沃爾西得以繼續在幕後左右王權。除了對進出亨利八世臥房的人員設限等等主要措施，皇室的飲食也是規範重點。

雖然這部條例多少是為了節省朝廷的年度開銷，但主要目的還是鞏固沃爾西個人的地位，而不是敦促亨利節制飲食。亨利八世當權時舉行過許多盛大宴會，例如在 1520 年為折服法國國王法蘭西斯一世（Francis I）而辦的金錦營盛會（Field of the Cloth of Gold），不過 83 頁所示是宮廷的日常菜單，與那些盛宴沒有太大關係。蘇珊‧格魯姆（Susanne Groom）在她寫的《國王的餐桌》（*At the King's Table*）一書中，詳列金錦營盛會鋪張浪費的種種安排，包括 216,000 加侖（將近 1 百萬公升）葡萄酒，78 隻鸛，以及 2 隻孔雀（可能是以「皇家孔雀」〔Peacock Royale〕的形式上桌，也就是把整隻孔雀小心地剝皮、原封不動地保留羽毛，等孔雀肉燒烤完畢再把這張帶羽毛的皮覆蓋回去，鳥喙通常會鍍金裝飾）。

然而，在「晚餐」（Dynner，可說是吃得很早的午餐）欄目中，還是有五花八門的肉品，例如第一道菜有天鵝、紅鹿、奶蛋糊和油炸餡餅。第二道菜則包括令人目不暇給的各種禽類（例如鷺鷥、雉雞、鴒與琵嘴鴨），還有凍子與「伊波克拉」（Ipocras）——這種香料紅酒是西班牙桑格利亞水果酒（Sangria）的前身。在近傍晚時吃的宵夜（Supper）內容大同小異，第二道菜有道塞特塔（Dowcett，一種人氣歷久不衰的甜塔，有時會加肉餡，1399 年的亨利四世加冕宴也有這道菜）與牛奶凍、水果、奶油和雞蛋。用餐地點在漢普頓宮（Hampton Court）的大殿，以「聚餐」的方式進行，由最多四人一起共用餐點。沒人吃得完菜單上的每一道菜，但廚房仍會全部備妥，有點類似吃到飽自助餐。

這兩餐都有兩種麵包：品質較佳的上等白麵包（Manchet）是用布網篩過的細緻麵粉做的，次等白麵包（Cheat）所用的麵粉較差，口感比較粗硬。當然了，現場也供應大量的愛爾啤酒讓人邊吃邊暢飲。

在「魚肉日」，也就是星期三、星期五與大齋節期這類特殊節日，菜單會改以海鮮為主，食材包括海豹肉在內。選擇會有鯡魚、鰻魚、八目鰻、狗魚、鮭魚、沙鮻、黑線鱈、烏魚、海鱸、鰈魚、魴鮄、鯛魚、龍利魚、海鰻、鼠海豚、鯉魚、鱒魚、螃蟹、龍蝦、鱘魚、丁鱥、河鱸。

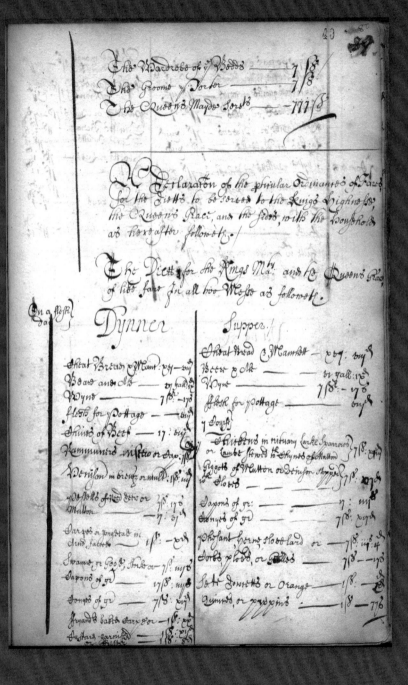

The Wardrobe of y^e Bedds —————— 7/8

The Groome y^e Porter —————————— 7/8

The Queens Maydes Borts —————— 777/8

A Declaration of the p^ticular Ordinances of Fare
for the Diett to be served to the Kings Highnes,
the Queens Grace, and the sides, with the Household
as hereafter followeth:—

The Diett for the Kings Matie and the Queens Grace,
of like fare in all two Messe as followeth.

[In a flesh day]

Dynner	Supper
Wheat Bread ye Mant: vii — viii	Wheat Bread & Manchett — vii : viii
Beere and Ale ————— vi gall:	Beere & Ale ——————— vi gall: viii
Wyne ——————— 7/8 — 17/8	Wyne ———————— 7/8 : — 17/8
Flesh for Pottage ——— viii	Flesh for Pottage ———— viii
Chines of Beef ——— 17 : viii	j Douze
Ramvunted Mutto or Vea: Mt	Chickens in vinuary Larke Sparrows viii : viii
Venison in brewt or muld 17/8 : iii	or Lambe stewed to Chynes of Mutton
[ ] filled Deere or 7/8 : 17	Pigotts of Mutton or Venison stopped 7/8 : 17/8
Mutton ————— 7 : 17	to Hote ———————
	Capons of g^r: ——————— vi : iiii
Carpes or young tate vi	Conyes of g^r ———————— 7/8 : viii
And Lacket ———— 1/8 — viii	Phisant hernes shovelard or 7/8 : iiii : 4
Swanne or Poolt Andra — 7/8 : viii	Corke ye Dodd, or Quailes — 7/8 : — 17
Capons of g^r ————— 17/8 : viii	Tarte Dewritts or Orange 1/8 : viii
Conyes of g^r ————— 7/8 : viii	Quinces, or pippins ———— 1/8 — 776
Fryed & bakt tare or 1/8 : viii	
Custard garnished 1/8 : viii	

這些菜餚富含蛋白質，不過膽固醇也很高，而且顯然缺乏綠色蔬菜。從中倒也能看出皇室愛吃烤皮蘋果（Pippin apple）與柳橙這類水果。亨利八世喜歡吃柑橘醬，而將這種食品引薦給他的是他的第一任妻子、西班牙公主亞拉岡的凱瑟琳（Katherine of Aragon）。至於沃爾西則公認是第一個拿草莓配鮮奶油的人，首見於他在 1509 年舉行的一場宴會。

亨利八世獨自用膳，其他宮廷成員一起吃飯，最位高權重的朝臣在漢普頓宮的謁見廳（Great Watching Chamber）用餐，最多可達 600 人的其餘成員則在大殿分兩批用餐。身分最卑微的是女傭、僕從、挑夫與兒童，他們的晚餐是牛肉與羊肉，宵夜是牛肉與小牛肉。沒人動過的食物之後會分發給窮人。

沃爾西的條例也根據不同人數詳定宮廷的每餐花費與精確的食物量，同時加強工作守則，以確保主廚會要求洗碗工穿衣服——洗碗工是廚房裡最低下的僕從，在此之前是光著身子工作。

只可惜沃爾西弄權的成效未能持久。到了 1530 年，他因為無法協助亨利八世宣告婚姻無效而被逐出漢普頓宮，後來又被控叛國，在為此前往倫敦受審的途中過世。

羅伯特・達德利為伊莉莎白一世舉辦的宴會

1560 年

如果說要抓住女人的心得先抓住她的胃，那麼英國女王伊莉莎白一世實在應該嫁給羅伯特・達德利（Robert Dudley）才對。從伊莉莎白於 1558 年登基到達德利於三十年後去世，他在這段期間頻頻為伊莉莎白舉辦大宴，全都是為了贏得這位童貞女王（Virgin Queen）首肯下嫁。為了慶祝 1560 年《愛丁堡條約》（*Treaty of Edinburgh*）的簽訂，他特別舉辦了本章要介紹的這場宴會。伊莉莎白為了回報他的用心良苦，任命他為御馬官、樞密院顧問官、內廷總管與列斯特伯爵（Earl of Leicester），卻從未達成他最主要的心願。

餐桌上有天鵝、鸛、鷺鷥等大型水禽是地位尊貴的表現。十五世紀烹飪作家普拉提納（Platina）曾警告平民不要去嚐這些禽肉，以免養成僭越身分地位的品味。即便如此，這些未必是最美味多汁的肉品。琵嘴鴨吃的昆蟲與野草可能導致它的肉有股怪味，現代人也早就不吃鷺鷥了。梅伊・拜倫（May Byron）寫於 1914 年的《家常便飯：英式家庭烹飪》（*Pot-luck; or, The British home cookery book*）裡有一份鷺鷥布丁食譜，不過她也警告在調理時別弄斷鳥骨頭，因為從中滲出的汁液很腥臭。

吃這些鳥類與其說是為了美味，不如說是為了美觀。廚師在剝皮時會完整保留上面的羽毛，去皮的鳥肉則先水煮軟化再燒烤。最後廚師把帶羽毛的鳥皮包回煮好的鳥肉上，成為搶眼又有些駭人的鎮桌大菜。在那個時代，顯貴人家的餐桌上最炫目的禽類是天鵝或孔雀，不過達德利並沒有選用。或許是因為伊莉莎白時代的人深諳視覺意象與象徵的運用之道，所以他避開這些菜色，唯恐別人以為他在暗示他自恃為全場最有權勢的人。

繼大餐之後登場的是正式宴會。伊莉莎白以嗜吃甜食聞名，

━━ 菜單 ━━

10 頭綿羊

6 隻鷺鷥

48 隻水鴨

60 枚蛋

41 打肉卷

6 隻琵嘴鴨

26 隻火雞

宴會點心

甜點

蛋糕

異國水果，含鳳梨

宴會菜單上的甜點、餅乾、蜜餞和軟糖都是她的心頭好。不幸的是，那個時代的人不曉得糖與蛀牙的關聯，有錢人甚至會用糖來刷牙，伊莉莎白後來也為她對甜食的鍾愛付出代價。1597 年，法國大使安德烈‧雨侯（André Hurault）指出伊莉莎白「臉瘦長，牙齒極黃且參差不齊」。這些精緻點心的質地軟黏，因此也很難只用手指和刀來吃，也就是在眾人面前仍算得體的作法。在當時尚屬新奇的叉子會開始出現在餐桌上，一方面也是為了應付這些棘手的甜點。

那場正式宴會是達德利搏取女王好感的另一個機會。餐桌的中心裝飾是一座豪華的杏仁軟糖（Marchpane）糖雕——這是杏仁膏（Marzipan）的前身，原料是糖、杏仁與玫瑰水。杏仁軟糖容易塑形，從惡龍到西洋棋組都能輕鬆壓製。1562 年，曾有人送給伊莉莎白一座杏仁軟糖做的聖保羅大教堂模型，使她龍心大悅。雖然我們不知道達德利的糖雕是什麼造型，但透過文獻能確定的是它耗費了 39 公斤的糖。在那個年代，一戶富裕人家一年頂多也只能吃大約 450 公克的糖。

　　值得一提的是，鳳梨雖然出現在這場宴會的記述裡，不過我們幾乎能確定這是個錯誤。這份文獻在 2003 年公開展示時，《泰晤士報》興奮地報導原來英國那麼早就有鳳梨了：一般認為這種水果要再過 100 年才來到英國。不過，法蘭・柏曼（Fran Beauman）在她的《水果之王：鳳梨》（*The Pineapple: King of Fruits*）一書中判斷，Pineapple 一詞在當時所指的幾乎肯定是松子，而不是我們所知的那種水果。

英王喬治四世的加冕宴

1821 年 7 月 19 日

1815 年 6 月，威靈頓公爵（Duke of Wellington）贏得滑鐵盧之役，從那時起，說英國是歐洲最強盛的國家並不為過。英王喬治四世亟欲藉由他在 1820 年的加冕典禮彰顯此一事實、把拿破崙 1804 年的加冕典禮比下去，而成果或許可謂英國歷史上最奢華無度、昂貴且荒唐的一次加冕典禮。

這場典禮在西敏寺舉行的儀式長達 5 小時。喬治從一道架高且罩有篷頂的走道抵達會場，身披下擺長 8 公尺的貂皮絲絨袍，由數百名朝臣與僕從簇擁隨行，而且他們全穿著向都鐸王朝致敬的服飾。就連深具歷史意義的聖愛德華王冠對喬治來說都不夠好，他訂製了一頂新王冠，上面鑲著價值數千英鎊的珠寶，不過這些租用珠寶在國會拒絕買單後又全數取下、歸還商家。儀式結束後，緊接著是在國會大廈西敏廳舉行的一場舉世無雙的盛宴。等到威廉四世（William IV）在 1830 年繼承皇兄的王位時，決定不辦任何筵席，由此可見這場加冕宴耗費了怎樣巨資。從此以後也再沒有任何君主舉辦過類似的宴會。

這場宴會的食物量大得令人難以置信，也解釋了喬治四世在十年後過世時的腰圍為何成長到 125 公分。羅伯特・惠施（Robert Huish）在他於 1821 年出版的《喬治四世殿下加冕禮紀實》（*An Authentic History of the Coronation of His Majesty King George the Fourth*）一書中記載道，這場宴會總共用了 3,375 公斤牛肉、1,120 公斤羊肉，

80 大碗烏龜湯

40 大碗米湯

40 大碗細麵湯

80 尾比目魚

40 尾鱒魚

40 尾鮭魚

80 塊鹿肉

40 塊烤牛肉，含 3 塊側腰肉

40 塊綿羊肉

40 塊水鴨肉

160 碗蔬菜，含馬鈴薯、豌豆
　　與花椰菜

240 碗龍蝦醬

120 碗奶油醬

120 碗薄荷醬

80 碟燜火腿

80 個鹹派

80 碟紅酒燉鵝—每碟 2 隻

80 碟鹹蛋糕

80 塊燜牛肉

80 碟燜閹雞—每碟 2 隻

320 碟裝置藝術糕餅

320 碟烘焙小點

400 碟果凍鮮奶油

80 碟龍蝦

80 碟螯蝦

160 碟禽肉冷盤

80 碟溫室小羊肉冷盤

1,200 瓶香檳

240 瓶勃艮第葡萄酒

2,400 瓶波爾多葡萄酒

600 瓶萊茵葡萄酒

600 瓶莫塞爾葡萄酒

60 瓶馬德拉葡萄酒

3,500 瓶雪利酒與波特酒

100 加侖冰鎮潘趣酒

1 枚鳳梨

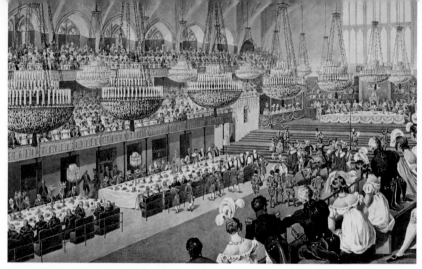
於西敏廳舉行的英王喬治四世加冕宴。

以及 1,600 隻雞——就只為了 300 位賓客。這表示每人能享用超過 11 公斤牛肉、將近 4 公斤羊肉和五隻雞。每位賓客在大口吃肉的同時還能暢飲好幾瓶香檳，現場備有的波爾多與勃艮第紅酒也等量齊觀。

　　席間最輝煌奪目的菜色是一枚重達 5 公斤的鳳梨，由登比爵士（Lord Denbigh）和奇切斯特爵士（Lord Chichester）擔綱雕刻這只甜膩的龐然大物。喬治時代的英國人對鳳梨情有獨鍾——從門柱雕刻到陶瓷器彩繪，都能見到這種水果的蹤影。不論是在英國國內種植或自海外成功進口鳳梨，成本都非常高昂，所以只有最富裕的階級享用得起。常有人傳說，當時財力沒那麼雄厚的家庭可以租用鳳梨作為晚宴的主裝飾，隔天得原封不動地歸還，以便水果商再次出租。雖然沒有憑據佐證，不過大家會對這個傳說信以為真，也可見鳳梨曾是多麼罕見且獲人珍視。

　　不過，在場不是每個人都那麼有口福。西敏廳特別為這個場合建造了環廳的二樓迴廊，男賓的妻子與家人只能在那裡觀看宴會進行。這群觀眾看著腳底下的美食饗宴持續進行好幾小時，肚

子開始餓得受不了。據說席間至少有一人拿手帕包住閹雞，拋給他在迴廊上捱餓的家人。那些妻子沒有受邀，是因為喬治四世與他的皇后布倫瑞克的卡羅琳（Caroline of Brunswick）感情失和，而他不想讓人注意到他的妻子沒有出席。這位新任國王擔心皇后會在他的大日子不請自來，甚至聘請了職業拳手打扮成男僕在場外巡邏，以阻止卡羅琳到場。

我們倒也不用太同情這群只能作壁上觀的人，他們都是受益於 1815 年《穀物法》（Corn Laws）的地主。這部法案刻意調高他們作物的價值，麵包價格也隨之飛漲，導致全國遍地是飢荒、抗議與暴動。在麵包漲價的同時，工業城市的薪水卻降低了，從拿破崙戰爭返鄉的大批軍隊人力，又將已然微薄的薪資壓得更低──喬治四世之所以能戰勝法國，又有戰利品用於支付這場加冕宴，都是這些士兵的功勞。

慶祝阿爾貝托憲法的午宴

1848 年 3 月 1 日

1848 年是革命與改革、反動與鎮壓的一年，在歐洲各地皆然。在薩丁尼亞王國，卡洛‧阿爾貝托國王（King Carlo Alberto）也面臨愈來愈大的改革開放壓力，以避免人民以武力爭取宗教自由與政治權力。最後阿爾貝托頒布了一部新憲法，薩丁尼亞以此為基礎，開創了代議政府與法律平等權，是義大利邁向統一的重大進展。為了慶祝新憲法，也為了感謝協助立憲的功臣，1848 年 3 月 1 日在歐羅巴大飯店（Hotel Europa），王國首都杜林市的議員為 50 位賓客舉辦了一場午宴，而這部憲法最終在 3 天後由阿爾貝托批准實施。

且不提那些令人讚嘆的菜餚，這份菜單本身就別具意義。首先，它是以義大利文寫成的。對於一場在義大利舉行的餐會來說，這或許不值一提，不過在 1848 年，所有高級菜單都是用法文書寫，而且當時就連義大利人都不說義大利語。等到義大利終於在 1861 年統一時，全國估計只有大約 10% 的人口說義大利語，大多數人說的是地區方言或某種通俗拉丁語。不過，在結合成這個新國家的諸多大小王國裡，義大利語是貴族和公務體系的語言。用義大利文寫這份菜單是一種政治表態，頌揚不同政體的連結、強調統一的思想。

菜單的插畫也在為統一做宣傳。左上角的圖畫代表阿爾貝托在 1847 年簽署《關稅條約》（Lega Doganale），這不只創造了皮埃

蒙特、托斯卡納與教宗國的關稅聯盟，也促成了一套共同政治策略和一場獨立戰爭，阿爾貝托也在同年稍晚前往熱那亞參訪，而那次熱那亞之行畫在菜單的右下角。左下角的火車插圖代表一條預定鋪設的火車路線，將串連杜林、米蘭、波隆納、佛羅倫斯與羅馬；這條鐵路至今仍是貫穿義大利的主要幹線。即使隻字未提，這份菜單仍然展現出創立現代而統一的王國的野心。

菜餚本身則與我們對現代義大利菜的印象天差地遠，既沒有麵條也沒有燉飯。這是一種揉合法國與皮埃蒙特風格的烹飪，以烏龜湯揭開序幕，而這似乎是十九世紀必備的前菜。「野味僧院」（certosa di selvaggina）格外引人注目，食材有山鷸、鷗鴣、鴿子、鵪鶉與雉雞，以蔬菜與豆類打底。其中也不乏英式菜餚──烤牛肉與葡萄乾布丁，在十九世紀，有無數政治漫畫都拿這兩道菜來代表英國。

在兩道主菜間上的潘趣酒是當時許多義大利菜單常見的項目，功能是幫助消化、提振食慾，以協助食客應付下一波要上桌的鑲餡菫菜與油膩的布丁。

這份菜單也註明宴會使用「俄式」上菜法（Alla Russa），各類菜餚會依序一道道上桌。這種新式用餐風格取代的是所有菜色同時上桌的「法式」上菜法（à la francaise）。在菜單上方，歐羅巴大飯店的老闆貝納多‧通伯塔（Bernardo Trombetta）以粗體字高調宣布新式上菜法，或許單純是反映出他想展現自家飯店有多麼「時尚」，然而捨棄法式上菜法不用，可能也是在不著痕跡地抵制義大利最近的鄰國。這絕對很合乎阿爾貝托的心意，他曾在此幾年前寫道：「我人生中最美好的一天，將是與法國開戰的那一天，且我將有幸效命於奧國軍隊。」

遺憾的是，阿爾貝多沒能活到親眼見證義大利統一。他在義大利第一次獨立戰爭中戰敗之後，被迫傳位給兒子維克多·艾曼紐（Victor Emmanuel），並且在 1849 年死於流放期間。

婦女自由聯盟的「勝利」晚宴

1918 年 2 月 22 日

1918 年，英國通過《人民代表法》（*Representation of the People Act*），賦予三十歲以上的富裕女性投票權。婦女自由聯盟（Women's Freedom League）為了慶祝這部新法案，在倫敦攝政街（Regent Street）的經濟餐廳（Economy Restaurant）舉辦了一場「勝利」晚宴。這張簡單的菜單以代表該聯盟的綠色印刷，只有簡單的四道菜，以咖啡作為結束。

引人注意的是菜單上方的「勝利」（Victory）以引號標出，提醒同志革命尚未竟全功。

這部法案賦予英國超過 8 百萬名婦女選舉權，但還有更多女性仍然不能投票。所有 30 歲以下或沒有個人財產、沒有英國大學學位的婦女，還是無權對地方或全國政治事務表達意見。這份菜單是為了慶祝女權有所進步，但這並非最後的勝利。

雖然菜單上有一道比目魚，不過包括主菜茄汁扁豆餅在內的其他菜餚都是素食。婦女投票權運動與素食主義有密切關聯。有些婦女參政運動人士認為，烹煮肉食是把女人與家事綁在一起的雜務之一，另一些人則認為吃肉是男性濫用體能優勢的例子。不論理由為何，如同當時從蕭伯納到甘地的其他激進分子，許多婦女參政倡議者都將素食納入他們的意識形態。茉德‧姚阿幸（Maud Joachim）是生於蘇格蘭的婦女參政運動者，曾在霍洛威監獄（Holloway Prison）服刑，她寫道：「奇怪的是，許多積極進取

的婦女參政運動者，大多是從個性溫和的素食主義者當中吸收來的。」

　　婦女自由聯盟甚至開了一家自己的素食小館「敏耐娃」（Minerva），供應「精緻素食午餐」，吸引了不分男女、支持各種不同理念的激進份子光顧，生意興隆，所得的豐厚盈餘則用於資助組織的倡議工作。在十九世紀末如雨後春筍般興起的小館（Café）與茶館（Tearoom），對婦女參政運動至關重要。當時的女性雖然已經能參加正式聚會與公開演講，不過除了自宅以外，少有場地能讓她們聚集討論政治、籌畫倡議活動。酒吧、牛排館與咖啡店（Coffee shop）向來是男性政治異議分子的基地，卻是愛德華時代的良家婦女去不得的場所。為女性倡議運動提供非正式

由夏綠蒂・戴斯帕德領軍的婦女自由聯盟成員。

97

"Victory" Dinner,

FEBRUARY 22ND, 1918.

MENU.

Consommé Julienne.
ou
Crême de Volaille.

———

Turbot à la Mornay.
Pommes Nouvellee.

———

Lentil Cutlets and Tomato Sauce.
Eggs à l'Italienne.

———

Tarte de Rhubarbe.
Crême à la Vanilla.

———

Café.

聚會場地的，正是茶館與小館。例如敏耐娃、莫里那利（Molinari's）與艾倫茶館（Alan's Tea Rooms），這些店家都舉足輕重，因為他們公開支持女性參政權的理想。連鎖的里昂街角小館與 ABC 小館等其他餐飲業者，純粹是提供中下階級女性一個聚聚的場地。

這些運動人士的聚會得再持續好一段時間，因為他們還要繼續倡議十年，等到 1928 年的《選舉權平等法》（Equal Franchise Act）通過，英國全體婦女才總算擁有了與男性相同的投票權。

「勝利」晚宴

1918 年 2 月 22 號

菜單

蔬菜絲清湯
或
雞肉濃湯

比目魚佐莫內醬汁

新馬鈴薯

茄汁扁豆餅

義式烘蛋

大黃塔

香草布蕾

咖啡

扁豆櫛瓜炸餡餅、烤番茄佐芝麻醬

4 人份

扁豆炸餡餅

3 大匙橄欖油
半個紫洋蔥,切碎末
1 瓣大蒜,切丁
1 小匙孜然粉
2 小匙莞荽籽粉
1 撮乾辣椒碎
200 公克紅扁豆
600 升水或蔬菜高湯
1 根櫛瓜,磨泥
75 公克菲達羊乳酪
20 公克平葉歐芹,切碎
20 公克薄荷葉碎片
3 大匙自發麵粉
2 顆蛋,分離蛋白與蛋黃

芝麻醬

200 公克希臘優格
1 大匙芝麻醬(tahini)
1 瓣大蒜,磨泥
1 顆檸檬,榨汁
2 小匙蜂蜜
鹽

配菜

200 公克新鮮芝麻菜
75 公克菲達羊乳酪
1 根櫛瓜,磨泥
1 顆檸檬
2 到 3 大匙特級初榨橄欖油

在平底鍋中放入 2 大匙橄欖油熱鍋,以小火煎炒洋蔥與大蒜 3 到 5 分鐘。加鹽調味,並加入孜然粉、莞荽粉與辣椒碎,再次翻炒,隨後加入扁豆和水(或蔬菜高湯)。小火續煮 20 分鐘,或直到湯汁收乾且扁豆煮軟為止。加入櫛瓜泥,續煮幾分鐘。

扁豆離火,拌入歐芹與薄荷,加入剝碎的菲達羊乳酪。以黑胡椒調味,可視需要再加少許鹽。把平底鍋內所有食材倒入淺盤中,完全放涼備用。

製作芝麻調味醬:把所有食材倒入小碗中混合均勻即可,依喜好調味。如果口感有點乾,可加少許水調。

扁豆完全冷卻後,取一乾淨大碗將蛋白打至中性發泡。把自發麵粉與蛋黃拌入扁豆中,混合均勻,再倒入打發蛋白內輕柔地翻拌均勻。

在大口平底鍋裡加入剩餘的橄欖油熱鍋,待燒熱後,一次舀入 5 到 6 大匙的扁豆餡餅料,先將一面煎至金黃,需 2 到 3 分鐘,再翻面將另一面也煎至金黃。重複以同樣方式煎完所有餡料。在續煎第 2 或第 3 批餡餅時,將已煎好的餡餅放到吸油紙巾上。

混合芝麻菜、剝碎的菲達羊乳酪和櫛瓜泥,再擠上檸檬汁、淋少許特級初榨橄欖油。把扁豆餡餅盛到芝麻菜乳酪沙拉上,淋上芝麻調味醬,上桌時隨附少許芝麻醬供人沾取食用。

漢普斯特德共產黨的第一屆年度晚宴

1920 年 12 月 11 日

1920 年 12 月 11 日，大不列顛共產黨新成立的漢普斯特德（Hampstead）分黨部舉行了第一屆年度晚宴。不意外地，他們在席間舉杯致敬的對象不包括「吾王」，也沒有提及即將在兩週後到來的耶誕節。除此之外，這份菜單之平凡無奇──番茄湯、沙　、小羊排、冰淇淋和乳酪──恐怕註定要默默走入歷史而無人聞問。不過在 1920 年的倫敦，國安單位極度關切布爾什維克黨人的威脅，所以嚴密監控了整晚聚會經過，並且把包括菜單在內的每一絲細節都上報給內閣。英國安全局直到最近才將紀錄檔案解密。

菜單上的食物本身是中下階級吃的尋常菜餚，不過其他項目就比較有趣了：與會者向「女士」舉杯致敬，正如同她們在地方高爾夫球俱樂部會享有的禮遇，不過「國際友人」也是會眾敬酒的對象。晚餐的序幕是以鋼琴獨奏向「同志」致敬，結束時演奏的則是「無產階級頌──紅旗」（Prolotarion〔原始菜單的拼法如此〕Anthem – The Red Flag）。

就連菜單上端那句「晚餐的鈴聲，靈魂的警鐘」，都可能讓多疑的政府當局高度警覺。這段未註明出處的引言出自拜倫勛爵（Lord Byron），一位詩人和立場激進的政治人物，他在上議院發表首次演說時，有一段為「草民」做的激昂辯護：「在你們的田地和住宅裡勞動，充實你們的海軍陣容、招募你們的陸軍，使你

F I R S T A N N U A L D I N N E R

To to hold at

RESTAURANT PINOLI

Wardour Street, W.

On Saturday, 11th December, 1920.

"The Toscin of the Soul,
The Dinner Bell".

at Seven p.m.

Under the Chairmanship of

COMRADE HARRY HEASE

Menu	TOASTS
------	------
Hors d'Ouvre Varies	"The Chairman's Penediction"
------	------
Tomatoo Soup	"The Communist Party"
------	Proposed by Mr. F WILLIS
Freid Fillit of Whiting	Responded by Mr MacLaine
------	Pianoforte Solo
Lamb Cutlets	
Vegetables	"The Ladies"
------	Proposed by Jim Connel
Chicken au Chassrole	Responded by A "LADY"
------	Song
Salade	"The International"
------	Proposed by Mr. PALME DUTT
Ices	Responded by Mr. E. Burns
------	Pianoforte Solo
Cheese	
------	"The Hampstead Communist Party"
Café	Proposed by Mr. A EDWARDS
	Responded by Mr. E.A. TOVEY

Prolotarion Anthem — "The Red Flag

第一屆年度晚宴

舉行地點

皮諾里餐廳

地址：瓦鐸西街

1920 年 12 月 11 日星期六

「晚餐的鈴聲，靈魂的警鐘。」

晚上七點

主席：哈瑞·海茲 同志

<table>
<tr><td>

菜單

什錦開胃小點

番茄湯

煎沙鮻排

小羊排佐蔬菜

砂鍋燉雞

沙拉

冰品

乳酪

咖啡

</td><td>

敬酒

敬「主席安康」
敬「共產黨」：由 F·威利斯提議，
麥克蘭先生附議

鋼琴獨奏
敬「女士」：由吉姆·康耐爾提議，
某「女士」附議

歌曲
敬「國際友人」：由帕爾默·杜特先生提議，
E·柏恩斯先生附議

鋼琴獨奏
敬「漢普司特德共產黨」：由 A·愛德華茲先生提議，
E·A·托維先生附議

無產階級頌──「紅旗」

</td></tr>
</table>

們得以反抗全世界的人，正是這些草民。只不過，他們要是因為被忽略又遭遇禍患而陷入絕境，也能夠起而反抗你們。」拜倫不是這份菜單唯一避而不提的名字。在《祕密的 20 年代：英國情治、俄國人與爵士年代》（*The Secret Twenties: British Intelligence, the Russians and the Jazz Age*）一書中，作者提摩西・菲利普斯（Timothy Phillips）推論，這份菜單未明說的特別來賓其實是蘇維埃間諜尼可萊・克里什柯（Nikolai Klyshko），他肩負著協助傳播共產主義的任務。不過，要宣揚資本主義之失敗，也需要資本。克里什柯在晚餐開始之前剛帶著兩個手提箱返抵英國，裡面都裝滿了白金條。

婦女自由聯盟的勝利早餐會

1928 年 7 月 5 日，於塞希爾飯店舉行

1918 年，英國三十歲以上的富裕女性獲得投票權，婦女自由聯盟為此舉辦了一場勝利晚宴。到了 1928 年，《選舉權平等法》（*Equal Franchise Act*）又賦予全國女性和男性相同的投票權。這一回，婦女自由聯盟舉辦的是慶功早餐會。

以早餐慶功雖然不尋常，對該聯盟成員來說卻是再適切不過。在倡議婦女參政權期間，她們曾有數百名成員因為非暴力的不服從運動被關押入獄。在戰友獲釋出獄的那天早上，支援者會在監獄大門口迎接她們、帶她們去吃慶祝早餐，地點會是某家認同她們理念的小館。在 1928 年這場勝利早餐會中，派提克—勞倫斯（Pethick-Lawrence）告訴在場的 250 名賓客：「這讓我們想起在從前抗爭的日子裡，我們在監獄開門後，會去吃的那些鼎鼎有名的早餐。」；他是時任婦女自由聯盟主席的先生（她們將主席的英文原文職稱寫作通常專屬於男性的「Chairman」）。

這場早餐會的舉行地點是泰晤士河北岸的塞希爾飯店（Hotel Cecil）。這是當時歐洲最大的旅館，有超過 8 百間客房，飯店棕櫚廳裡的爵士交響樂團遠近馳名，大廳能容納約 600 人用餐，在維多利亞廳還能再接待 350 人，與婦女自由聯盟在 1918 年舉行慶功宴的攝政街經濟餐廳有如天壤之別。

這畢竟是在 1920 年代，菜單很簡潔，主菜只有培根與雞蛋，沒有蘑菇、番茄或薯餅這些花樣，魚肉料理也只有一種選擇，唯

一出人意料的食材是黃瓜和萵苣。

許多菜單都會安排向「女士」敬酒的環節，通常是施恩似地向「女士」的辛勞致意，謝謝她們準備了一頓她們不能入席的餐點。不過在這份菜單上，令人鬆一口氣的「短講」包括一段由隆達子爵夫人（Viscountess Rhondda）發表的演說，題目是「致協助我們的男性」。根據《衛報》對這場早餐會的報導，她提醒大家：「在女性令人不適的刺激下起而行動，這些男性值得更多肯定」。

不過，在這些演講者的名字背後，其實有一段非比尋常的故事，主角是一對觀念非常開明的夫妻。艾茉琳·派提克（Emmeline Pethick）是社會主義者與倡議人士，費德列克·勞倫斯（Frederick Lawrence）是出身伊頓公學的自由派辯護律師。他們在相識後墜入愛河，於 1901 年結婚。艾茉琳沒有冠夫姓，而且兩人從未開立共同帳戶，反倒是她說服了費德列克轉為支持社會主義與女性參政運動。他們在 1912 年的一次抗議活動後雙雙被捕入獄，獲釋後又因為反對暴力抗爭，遭到婦女社會政治工會（Women's Social and Political Union）開除會籍。艾茉琳後來成為婦女自由聯盟的主席，費德列克則在 1923 年當選西萊斯特（Leicester West）的工黨議員。2018 年 4 月，女權運動領袖米莉森特·福西特（Millicent Fawcett）的雕像在英國國會廣場揭幕，艾茉琳與費德列克夫婦以及其他 57 名女性的名字，都被銘刻在這座雕像上。

小羅斯福總統與英王喬治六世的國宴野餐

1939 年 6 月 11 日

美國白宮舉辦的官方宴會幾乎一律都很正式。1874 年，夏威夷國王大衛・卡拉卡瓦（David Kalakaua）成為白宮第一位座上賓，由尤利西斯・S・格蘭特（Ulysses S. Grant）總統接待。這位國王帶了他專屬的皇家試菜員隨行，在白宮享用了一頓有 20 道菜的大餐。

有時這些宴會只是行禮如儀的外交場合，不過小羅斯福總統在 1939 年 6 月邀請英王喬治六世來訪時，有更嚴肅的動機。喬治六世是第一個參訪美國的英國在位國王，而且英美兩國過去的關係並非一向都很友好。然而羅斯福深切體認到歐洲即將再次陷入重大衝突，所以想加強英美合作，即使當孤立主義者大力遊說政府、希望藉由孤立讓美國再次偉大。

簡而言之，小羅斯福總統的精心安排進展得非常順利。當民眾把華盛頓特區的街頭擠得水泄不通，爭睹國王與伊麗莎白皇后的風采，羅斯福總統與喬治六世在討論的是軍事戰術和海軍聯合的重要性。他們的行程包含多場音樂會、乘總統專用遊艇經波多馬克河（Potomac）前往維農山莊（Mount Vernon）參訪，國王夫婦也在阿靈頓公墓（Arlington Cemetery）的無名戰士墓前獻花圈致敬。

接下來的行程就沒那麼正式了。總統夫婦在他們位於紐約海德帕克（Hyde Park）斯普林伍德（Springwood）的私人莊園接待王

1939 年，在紐約州海德帕克的第一夫人愛蓮娜‧羅斯福、小羅斯福總統、總統的母親莎拉‧羅斯福，以及伊麗莎白皇后與喬治六世。

室成員，意在展現他們也都是平凡人，會一起消遣時間、在自家泳池裡游泳。他們沒有舉辦堂皇的宴會，而是在總統家的拓普鄉間小屋（Top Cottage）腹地上野餐。他們那天吃的熱狗（盛放在銀拖盤上，不過各人吃的時候是用紙盤）也上了頭條新聞，一來也是因為這是國王第一次吃這種東西。《紐約時報》打趣地寫道：「國王試吃熱狗，吃完又要了更多，也與大家一起喝啤酒。」這場野餐大為轟動。國王「津津有味」

菜單
維吉尼亞火腿
熱狗
冷火雞肉
香腸
蔓越莓果醬
生菜沙拉
餐包
草莓奶油蛋糕
咖啡、啤酒、無酒精飲料

地吃了他的熱狗，還要了第二份，皇后則不確定該怎麼吃才好，最後用了刀叉而沒有接受小羅斯福的建議：「把熱狗塞進嘴巴，

然後一直往裡塞，直到整根熱狗消失為止。」

　　這次參訪之旅大獲成功，美國民眾為王室風采折服，也鋪平了兩國攜手合作的坦途。

　　手腕高明的總統不只有小羅斯福而已。小約翰·甘迺迪（John F. Kennedy）總統於 1963 年遇刺身亡的一個月後，西德總理路德維希·艾哈德（Ludwig Erhard）造訪林登·詹森（Lyndon Johnson）總統，而詹森請他享用的是炭烤肋排、花豆、涼拌包心菜絲與杏桃派，佐以濃烈的咖啡與啤酒。艾哈德送給詹森一瓶產自開世泰皇家伯爵酒莊（Reichsgraf von Kesselstatt）、風味甜美的 1959 年皮司波特金滴園高級白酒（1959 Piesporter Goldtröpfchen）。禮尚往來，詹森回贈他的是一頂高頂寬邊的牛仔帽。

印度獨立之夜

1947 年／2017 年，孟買泰姬瑪哈酒店

1947 年 8 月 14 號，印度獨立的前夕，印度人開始上街慶祝英國殖民統治總算告終。孟買街頭有大批人潮聚集在印度門（Gateway of India）周圍，同一時間，在該市的泰姬瑪哈酒店（Taj Mahal Hotel）裡，賓客正在參加一場特別舉辦的獨立之夜晚宴。與會者包括沙拉金尼・奈都（Sarojini Naidu）在內，她是詩人、自由鬥士與國民大會黨（Indian National Congress）前主席，之前在這家酒店參加過許多自由運動集會。演出餘興節目的是長年擔任駐店大樂團團長的米奇・柯瑞亞（Micky Correa）、出身果阿邦的小號手奇克・巧克力（Chic Chocolate），以及舞者暨編舞家施琳・瓦吉芙達（Shirin Vajifdar）與她的徒弟瑪瓦迪・貝拉（Marwadi Belles）。

70 年後，泰姬瑪哈集團在檔案資料中發現這場晚會的菜單，決定加以重現，地點選在集團旗下位於印度的幾家酒店，以及倫敦聖詹姆斯巷（St James' Court）的分店。這套獨立特餐要價 1,947 印度盧比，不過現役或退役軍人能享有三折優待。

這份菜單有種印法融合的風格，因為這家酒店的廚房在英治時期由法國廚師主掌，印度學徒繼承的也是他們的手藝。酒店在 1947 年的主廚是米圭爾・阿坎喬・馬卡翰哈（Miguel

1947 年，印度獨立日慶祝遊行。

Arcanjo Mascarenhas），人稱馬西廚師，
在這家酒店最初是從廚房打雜小弟
開始做起。整份菜單上的菜名都在
強調獨立、自由與印度的概念。

雖然泰姬瑪哈酒店於 2017 年
復刻這套獨立特餐時，請教過一位
當年曾出席原版盛會的客人，但我
們還是無法完全確定每道菜的內
容，因此賦予現代廚師相當大的自
由來詮釋這份菜單。

菜單
印度香料清湯
杏仁濃湯
印度斯坦美食
鑲鮭魚卷
獨立小母雞舒芙蕾
什錦蔬菜
自由蜜桃蛋白酥蛋糕
甜點
咖啡

全國各分店的菜名跟食材略有變化，不過兩套餐點都從印度
香料清湯（1947 年是用印度香料調味的清湯，2017 年是以孜然與
莞荽調味的雞湯）或杏仁濃湯開始。缺乏紀錄代表我們無法得知
原版的「印度斯坦美食」（Délices à l'Hindustan）代表什麼菜，不過
新版菜單推出了佐薄荷、莞荽與羅望子酸辣醬燒烤的羅望子風味
印度乾酪排，某些分店端出的則是插在甘蔗枝上的旋轉烤肉串。

隨後上桌的是鑲鮭魚卷或獨立小母雞舒芙蕾，不過後面這道
菜在 2017 年版的菜單中變化為雞肉歐姆蛋。1947 年的菜單沒有素
食選項，所以酒店在 2017 年加入松露野菇酥皮餡餅佐乳酪紅椒粉
醬汁，或是包著番茄奶油醬汁的菠菜可麗餅。壓軸的甜點是自由
蜜桃蛋白酥蛋糕、水煮蜜桃佐杏桃雪酪，然後是巧克力利口酒、
茶與咖啡。

在獨立前夕的孟買還有多場慶祝晚宴，但為了遵守當時的食
物配給制，它們都不如泰姬瑪哈酒店的獨立之夜來得出色。

伊朗沙阿的波斯帝國成立 2,500 週年慶典

1971 年 10 月 14 日

正當伊朗國內情勢日趨動盪不安的同時，穆罕默德‧禮薩‧巴勒維沙阿 [*8]（Shah Mohammad Reza Pahlavi）卻為了慶祝波斯帝國成立 2,500 週年，自巴黎空運進口了 18 公噸的食材。伊朗政府特地在古城波斯波利斯（Persepolis）遺址中打造了一座帳棚城，世界各國的國王、王子與總統齊聚在此，接受了為期三天的款待。巴勒維希望藉這次活動鞏固他治下王朝的聲譽，向世人展現一個古老文明也有現代與非關宗教的一面。事實上，這些慶祝活動之氣燄囂張與浪費，反倒助長了政敵的聲勢，為巴勒維自己的垮台埋下種子。

自從在 17 世紀，法國太陽王路易十四（Louis XIV）於凡爾賽宮舉辦的野餐會以來，就再也沒有這等規模的宴飲了。巴黎的美心（Maxim's）是當時全世界最知名的餐廳，他們特別關門兩週，好讓餐廳的廚師與侍者能前往伊朗張羅這次活動，從旁協助的是大批身穿深藍色制服的瑞士侍者——這是代表波斯宮廷的顏色。大約 15,000 棵樹被空運到慶宴場地造林，為了維護這片人工森林，灌溉水源也橫越沙漠運輸而來。森林裡又放生了 5 萬隻全空運自歐洲的鳴禽，結果因為受不了極端高溫，又都在幾天內死亡。這場盛會的住宿區由巴黎設計師操刀，運用近 50 公里長的絲綢打造出一座夢幻的波斯帳棚村，其間點綴著噴泉與一座嶄新的高爾夫球場。如果你無法躬逢其盛也不用擔心：好萊塢的電影工作人員

━ 菜單 ━

鵪鶉蛋鑲魚子醬
沙隆酒莊香檳

螯蝦慕斯

1969 年奧比良酒莊白酒

烤小羊腰脊肉佐松露
1945 年拉菲酒莊紅酒

1911 年陳釀酩悅香檳雪酪

烤孔雀鑲鵝肝環繞以「朝臣」鑲鵪鶉，佐堅果松露沙拉
1945 年伍戈伯爵酒莊蜜思妮紅酒

糖漬無花果佐覆盆子
1959 年罕釀唐貝里儂粉紅香檳

咖啡
美心餐廳特藏尤金王子干邑白蘭地

也飛抵現場錄影並製作紀念電影，由名演員奧森・威爾斯（Orson Welles）擔任旁白。如果他們可以為一切鍍金，想必也做得到。

與會的 500 名賓客中有菲律賓第一夫人伊美黛・馬可仕（Imelda Marcos），南斯拉夫的狄托（Tito）元帥，約旦國王胡笙（Hussein），衣索比亞皇帝海爾・塞拉西（Haile Selassie），以及羅馬尼亞領導人尼古拉・希奧塞古（Nicolae Ceausescu）。英國伊莉莎白女王設法避開了這個財大氣粗的場合，派她的丈夫愛丁堡公爵（Duke of Edinburgh）與女兒安妮公主（Princess Anne）代為出席。事實上，許多國家領袖只派出代表與會，但他們也都害怕會觸怒這位親西方的石油大國領袖。

這位沙阿的財富之驚人、與伊朗人民和文化的隔閡之深，透過這份菜單表露無遺。菜餚幾乎全是歐式，不論烹調手法或食材皆然，只有無花果和魚子醬產自伊朗。就連許多伊朗菜會重用的小羊肉，都是空運自巴黎並以標準西式手法烹煮，由歐洲廚師掌杓、歐洲侍者上菜。

席間的烤孔雀這道菜登上了世界各地的新聞頭條。孔雀是波斯皇室的象徵，而在這場盛宴中，50 隻鑲了肥肝的孔雀在鵪鶉圍繞下呈到賓客面前，佐以 1945 年的法國伍戈伯爵酒莊蜜思妮葡萄酒。在今天想買一瓶這款紅酒，口袋最好準備至少 2,000 英鎊。搭配每道菜飲用的葡萄酒更提醒了我們：伊朗或許是個穆斯林國家，這份菜單卻很不穆斯林。所有葡萄酒都是最高級與罕見的陳釀。1959 年的唐貝里儂粉紅香檳只釀造了 306 瓶，在 2008 年，名酒拍賣行艾克麥羅康迪（Acker Merrall & Condit）以 84,700 美元拍賣售出兩支這款香檳。

波斯帝國成立 2,500 週年慶祝晚宴。

　　不過，對這份每道菜都獨立成頁的菜單來說，錢的問題不足掛齒：如果你還有疑慮，那就再多加點松露調味吧。就連雪酪都是以 1911 年的陳釀酩悅香檳（Moët）製作。這場盛會的開銷估計等同於今日的一億英鎊，就不足為奇了，這也表示伊朗政府為每位賓客平均耗資超過 20 萬英鎊。這種浪擲千金的行為，正值伊朗因盛產原油而獲利豐厚，進而導致通貨膨脹與貧富差距加劇的時代。

　　當時流亡巴黎的伊朗信仰領袖阿亞圖拉何梅尼（Ayatollah Khomeini）說：「就讓世人知道，這些慶祝活動與伊朗高貴的穆斯林人民毫無關聯，所有與會者都是伊斯蘭教與伊朗人民的叛徒。」等到巴勒維沙阿政權在 8 年後被推翻，何梅尼成為了伊朗伊斯蘭共和國的首任領袖。

第四章

盛宴與慶典

先與貓王同享喜宴，
再與查爾斯王子和戴安娜王妃共赴一場更精緻的婚宴。
與狄更斯筆下的克拉奇一家人共度耶誕節，
再到惡魔島監獄享用過節大餐。
我們也要穿越時光、放鬆心情，
回顧第一屆詩人伯恩斯紀念宵夜，
或是冒險嚐一口天鵝頸布丁……

巴斯與威爾司主教尼可拉斯·巴布威的葬禮菜單

1424 年 12 月 4 日

除了宮廷筵席，中世紀鮮少有菜單留存到現代。本篇要介紹的菜單出自大英博物館的「兩本十五世紀食譜」館藏，這部文獻也包括了亨利四世加冕宴的規畫紀錄，以及一場聖三一節（Festival of the Holy Trinity）慶祝晚宴的菜單。

尼可拉斯·巴布威（Nicholas Bubwith, 1355-1424）不只是掌管倫敦、索茲斯柏立（Salisbury）、巴斯與威爾司（Wells）教區的主教，也是英格蘭的掌璽大臣與財務大臣，他在遺囑中將遺產用於資助濟貧院。他的葬禮在周六舉行，有兩套不同菜單，都分為兩道菜來上菜：上半部是平信徒吃的肉食餐，下半部是神職人員吃的魚肉餐。

有些十五世紀的菜餚聽在我們二十一世紀的人耳裡，還算不難理解（吃不吃得下去是另一回事——有人想來點烤鷺鷥嗎？），不過另一些就得花點解譯功夫了，例如菜單上的頭一道菜「Nomblys de roo」。這是一種用內臟做成的派餅，通常是像這份菜單一樣使用鹿（Roo）的內臟。因為肉品最上等的部位通常保留給富貴人家享用，所以這可能是小老百姓吃的料理。這個菜名的拼寫法後來轉變為「Umbles」。數世紀以後，山繆·皮普斯（Samuel Pepys）曾在日記裡〈山繆·皮普斯的「結石」宴〉提到它，而我們現代人最熟悉的則是它出現在英文「Eating humble pie」這句

慣用語裡，意思是認錯道歉。後面的「Aloes de Roo」也用了鹿肉，Aloes 或許是源於古法文的「aloyeaulx」，意思是雲雀，因為這種鑲餡的小肉卷有點形似鵏鶉這類小型禽鳥，而這道菜演變到現代就是牛肉卷（Beef olive）。

接下來的甜布丁「Blamangere」，等同於 1970 年代英國中小學營養午餐常見（又討人嫌）的「牛奶凍」（Blancmange）。喬叟（Chaucer）的《坎特伯雷故事》（Canterbury Tales）總引裡也提及這道菜，而他筆下的食材包含雞絲／雞茸和玫瑰水。除此之外，菜單上還有豬頭雜凍「Braun」（現代英文中的 Head cheese）與豬背脊肉「Chynes de porke」（現代英文寫為 Chines of pork）。

後續還有天鵝頸布丁（Puddyng de swan necke，在天鵝脖子裡鑲填禽鳥的內臟，烹調方式如同血糕），而「Lechemete」是一種肉類料理的通稱，從派、肉湯到肉片都有可能，最後一道「Crustade」是一種肉派，通常會加水果和香料一起烘焙。

進入第二道菜的部分，列在燉鹿肉之後的是「Mammenye」，一種含有蜂蜜、薑、肉桂、松子、醋栗與葡萄酒的香料甜醬，又叫做替代肉醬（Bastard gravy），澆在肉上吃。接下來依序是兔肉、杓鷸、雉雞、山鶉、鷗鴣、鴾、鷸，以及天鵝或鵝這類「Grete byrds」，然後是「Yrchouns」——豬肚裡填滿以香料調味的豬肉，表面再鋪滿杏仁薄片，使外觀有如刺蝟或海參，堪當實境秀《英國烘焙大賽》（The Great British Bake Off）絕佳的技術挑戰項目。最後的「Cold bakemete」是另一種表面覆蓋著麵皮的派餅，餡料不一定有肉，文獻形容這是麵團做的「棺材」，而且有時麵皮頗硬，未必會被吃掉。

菜單一：平信徒

第一道菜	第二道菜	
鹿雜碎派	燉鹿肉	烤野味
牛奶凍	香料甜醬	海參肚
豬頭雜凍佐芥末	烤兔肉	香料肉片
豬背脊肉	杓鷸	（或香料麵包片）
烤肥雞	烤雉雞	鍋煎泡芙
烤天鵝	烤山鷸	冷派
烤鷺鷥	烤鷗鴴	
鹿肉小卷	烤鴿	
天鵝頸布丁	烤鷓	
肉類料理	烤大禽	
烤肉派	烤雲雀	

菜單二：神職人員

第一道菜	第二道菜	
鰻魚湯	香料甜醬	海參肚
牛奶凍	杏仁糊	水煮鰻魚
緋魚	鱈魚	木頭派
鱈魚尾	黑線鱈	（某種肉類料理）
鮃鱈尾	新鮮無鬚鱈	螃蟹
鮭魚下巴	水煮龍利魚	冷派
水煮沙鮻	糖煮魴鮄	香料肉片
狗魚	海鯛	（或香料麵包片）
鰈魚	擬鯉	鍋煎泡芙
金銀糕	河鱸	冷派
骨髓派	炸小魚	

　　與會致哀的神職人員又能期待哪些菜色呢？神職人員的菜單上也有些類似的料理——他們的 Yrchouns 內餡可能是杏仁泥而不含肉——但基本上多了很多種魚可選，包括鯡魚、鱈魚尾（Mulwyl）、舒鱈、鮭魚凍、沙鮻、狗魚和鰈魚。他們的第一道菜不是始於 Nombly，而是一道魚湯：在一種用葡萄酒、水和薑調成的醬汁裡熬煮鰻魚和歐芹，再加入麵包粉增稠。比較奇特的是列在最後的「Crustade ryal」，這可說是一種介於派餅和香料法式鹹派之間的菜餡，食材是跟魚完全無關的骨髓。

　　第二道菜有更多海鮮（黑線鱈、無鬚鱈、龍利魚、魴鮄、鯛魚、河鱸、炸小魚、螃蟹），還有一品濃稠的杏仁糊。其中最引人注目的是「Leche lumbards」，這個詞可用來代表很多不同的菜餡，一只造型有如豆莢內的豌豆的肉卷，或是香料棗糕，也可能是一種凍子，或是一種後來演變為「木頭派」（Lombard/lumer pie）的食物，跟前面提到的 Nombly 非常相似。詹姆斯‧麥特爾（James Matterer）是中世紀食譜的專家，他經營的好廚網（www.godecookery.com）內容精彩迷人，而麥特爾指出，許多中世紀的英國食譜帶有義大利倫巴迪地區的色彩，這可能是為了讓菜餡感覺起來更講究，如同我們今天會暗示食物是法式以增添高級感。

第一屆伯恩斯紀念宵夜

1801 年 7 月 21 日

詩人羅伯特・伯恩斯（Robert Burns）享譽國際的程度，少有其他蘇格蘭人能夠企及。據說在非宗教人物當中，他是繼維多利亞女王和哥倫布之後擁有最多公共雕像的人，光是在澳洲就有 7 座。他之所以盛名遠播，有個重要因素是伯恩斯紀念宵夜（Burns Night Supper）在世界各地愈來愈風行。從蘇格蘭的莫瑟威（Motherwell）到加拿大的蒙特婁，從坦尚尼亞到美國德州，每年 1 月 25 日，成千上萬的民眾齊聚一堂頌讚這位名詩人，同時大啖羊肚雜碎（Haggis）、暢飲威士忌，並且向姑娘們（Lassie，蘇格蘭稱年輕女性的用語）舉杯致意。就此一夜，蘇格蘭成為全天下最知名的國家。

這份簡樸的菜單佐以詩歌上桌，不只是推廣伯恩斯，也是在推廣蘇格蘭本身。或許是因為伯恩斯紀念宵夜頌揚的是一種文化，而不是宗教、政治或軍事的功績，所以世界各地的民眾即使從未聽說蘇格蘭的赤維特丘陵（Cheviot Hills），還是欣然接納這個活動。就連與蘇格蘭南界接壤的宿敵也會慶祝這個活動——1806 年，英格蘭的第一次伯恩斯紀念宵夜在牛津舉行。

一切活動的重頭戲是羊肚雜碎，這道菜也出現在第一屆伯恩斯紀念宵夜的餐桌上。1801 年 7 月 21 日，伯恩斯逝世 5 週年這一天，地方牧師漢彌爾頓・保羅（Hamilton Paul）邀請了 8 名伯恩斯的朋友，在伯恩斯位於亞爾郡（Ayrshire）阿洛維（Alloway）的故

居小屋齊聚一堂。他們朗讀伯恩斯的詩作，享用羊肚雜碎，向他的文才舉杯致敬。今日的伯恩斯紀念宵夜會用威士忌敬酒，因為威士忌就如同羊肚雜碎，幾乎已成為這個活動的同義詞。但根據史學家拉布·休士敦（Rab Houston）的說法，在 1801 年，用來向伯恩斯敬酒的比較有可能是艾爾啤酒或葡萄酒。

第一次紀念宵夜非常成功，於是這群朋友決定隔年再度聚首，這一回的時間選在伯恩斯的冥誕。不到一年間，其他團體也紛紛舉行紀念宵夜，一年後更開始有俱樂部成立，致力於推廣伯恩斯的紀念慶典並使它成為正式活動。華特·司各特爵士（Sir Walter Scott）是蘇格蘭名作家和死忠的保守黨（Tory）黨員，支持蘇格蘭與英格蘭結為邦聯，政治立場與伯恩斯南轅北轍，不過就連他都在 1815 年舉辦了伯恩斯紀念宵夜。與許多十九世紀初其他俱樂部不同的地方在於，不論是勞動階級的男性或是他們的中產階級老闆，各階層的人都會參加紀念伯恩斯的俱樂部。

多年來，伯恩斯紀念宵夜的菜單幾乎沒變，雖然很多人應該是樂見綿羊頭已不再受歡迎。羊肚雜碎的材料也依然如故：綿羊的心、肝、肺，混合燕麥、油脂、洋蔥、香草與香料，全鑲填進羊肚裡水煮。不過，根據 QI 網站的

菜單

羊肚雜碎佐蕪菁泥與馬鈴薯泥

綿羊頭

葡萄酒與啤酒

調查，33％的美國人以為羊肚雜碎是一種野獸，是在蘇格蘭荒野中打來的。

羊肚雜碎的起源可以追溯到古希臘羅馬時代。食物歷史學家凱瑟琳・布朗（Catherine Brown）甚至令許多蘇格蘭人大為著惱地斷言，就我們目前所知，史上首次有人提及羊肚雜碎是在英格蘭。在 1615 年出版的《英格蘭主婦》（*The English Hus-Wife*）一書中，作者葛維斯・馬坎（Gervase Markham）就提到了羊肚雜碎，比起其他任何蘇格蘭文獻早了一百多年。只不過，等托比亞斯・斯摩萊特在 1771 年寫了小說《克林克探險記》（*Humphrey Clinker*），羊肚雜碎成為蘇格蘭特產——主角克林克在書中抱怨道：「我還算不上道地的蘇格蘭人，無法欣賞他們的炙烤羊頭和羊肚雜碎。」

大多數宴席的鎮桌主菜都是山珍海味——鹿肉、孔雀，或至少要來隻火雞。然而對伯恩斯這位相信人生而平等的政治激進分子來說，用一道不是人人都能下嚥，然而大多數人都吃得起的農家菜來紀念他，似乎再適合不過。

克拉奇家的耶誕節菜單

1843 年 12 月 25 日

在狄更斯的小說《小氣財神》裡，克拉奇一家人的耶誕大餐是最教人窩心的一段情節。這部小說於 1843 年 12 月 19 日首次出版，立即大為轟動，在耶誕夜前就銷售一空。175 年來，它的人氣始終不墜。對許多人來說，書中的守財奴艾比尼澤・史顧己（Ebenezer Scrooge）要是沒被幽靈嚇得痛改前非，耶誕節就不算真正有意義。

常有人說耶誕節是狄更斯的發明，這或許有些誇大，不過 1840 年代絕對是確立耶誕慶祝傳統的重要時期，而且狄更斯功不可沒。在《小氣財神》出版的 1843 年，世界上也出現了第一張耶誕賀卡──上面印著一家人圍坐享用過節晚餐的插圖。1848 年，一幅描繪英國皇家成員攜手裝飾聖誕樹的雕版畫，掀起中產階級對耶誕樹的狂熱。耶誕拉砲也是 1840 年代的發明，裡面包藏的笑話直到今天仍在繼續使用。民眾過耶誕節的心境改變了，而狄更斯是幕後推手。

自中世紀以來，過去的耶誕節向來是縱情享樂的時刻，地主會以為期數天的宴飲狂歡來款待雇工與親友。這種歡樂無度的精神，導致清教徒在英格蘭聯邦時期（Commonwealth, 1949-60）禁止過耶誕節。不過到了十九世紀中葉，工業革命意味著傳統的慶祝方式幾乎不再可能。工廠與農場不同，一年十二個月不間斷地運作，勞工再也無法在長夜漫漫的冬季稍事休息。過耶誕節的方式

得為工業時代重新改造。在維多利亞女王與亞伯特親王推波助瀾之下，克拉奇一家人恰恰發揮了這種功效。

　　克拉奇家的耶誕節菜單很樸實簡單。烤鵝是在「蘋果醬與馬鈴薯泥的幫補之下」，才夠全家人吃。不過他們的喜樂並未因此消減，而是恰好相反：這隻烤鵝「軟嫩鮮美，又大又便宜，全家人一致讚不絕口。」餐桌上的布丁也很小，浸泡在僅僅「1/4 夸特侖的白蘭地裡」──大約是 30 毫升！克拉奇一家人的享受不是因為中世紀式的縱逸，而是手頭再拮据也物盡其用。他們過節的樂趣也不是來自盛大的集會，而是全家人圍爐團聚──縱使只有一晚。這份簡約的菜單加上樂觀的態度，幫助狄更斯將家庭與溫情置於維多利亞時代耶誕節的重心。

➤ 菜單 ➤

烤鵝

肉醬

鼠尾草洋蔥餡

馬鈴薯泥

蘋果醬

1/4 夸特侖白蘭地焰燒的
耶誕布丁

蘋果

柳橙

烤栗子

熱檸檬杜松子酒

包伯‧克拉奇的耶誕晚餐。

　　本著書中人物小提姆（Tiny Tim）的慈悲精神，且讓我們來想想那隻維多利亞時代可憐的鵝。鵝如果要長程遷移，仰仗的主要是翅膀而非腳掌，不過你要是一個生在 1843 年的農夫，想把鵝帶到耶誕市集上，步行是唯一選擇。大批鵝群有如牲口般，從英格蘭東部的諾福克郡（Norfork）被趕到倫敦販賣，牠們甚至還穿著小皮靴，以保護柔嫩的腳掌不受長途跋涉所苦。

惡魔島監獄的耶誕節

1929 年

舊金山岸外的惡魔島從前是著名的聯邦監獄，囚犯在抵達時會被告知：「你有權獲得食物、衣服、棲身處與醫療照護，除此之外都是額外優待。」然而，惡魔島最早期關押的囚犯很幸運，因為他們的典獄長詹姆斯・A・強斯頓（James A. Johnston）認為優質飲食能促進良好行為。因此，惡魔島的伙食公認是全美國監獄體系裡最好的，下頁那份耶誕節菜單就是個例子：在一年裡的其他時候，食堂也會供應諸如什錦飯（Jambalaya）、覆盆子小麵包與「蒙古濃湯」（Purée mongole）──一種用豌豆仁與番茄熬煮的濃湯。

早餐時間是上午 6:55，午餐是 11:20，晚餐是下午 4:25。每一餐都在獄方嚴密監視下由囚犯烹煮（他們會不斷被搜身，以確保沒有偷拿任何銳器），熱量也非常高，每天伙食平均約有 3 千大卡，反觀大多數其他的聯邦監獄是 2 千大卡。不論囚犯、警衛或員工，全體監獄成員一起用餐。惡魔島起初是軍事監獄，後來才改制為戒備森嚴的一般監獄，用於關押美國最惡名昭彰與最令當局棘手的囚犯，包括黑幫大老艾爾・卡彭（Al Capone）和有「鳥人」之稱的殺人犯羅伯特・斯特勞德（Robert Stroud）。不論任何時候，惡魔島都只有大約 260 名囚犯，所以不用大量備餐，餐點品質也因此不打折扣。

━ 菜單 ━

芹菜奶油濃湯　　　蘇打餅乾

烤小火雞　　　　　蔬菜調味醬

蔓越梅醬　　　　　雞雜肉汁

綜合沙拉

美乃滋調味醬

鮮奶油馬鈴薯泥　　糖漬蕃薯

蘆筍尖佐土司

白芹菜　　　　　　什錦甜泡菜

巧克力夾心蛋糕　　核桃夾心蛋糕

水果蛋糕　　　　　百果餡餅

香蕉　　　　　　　蘋果

派克賓館麵包卷

咖啡　　牛奶　　奶油

什錦糖果

香菸

囚犯會拿到一個五格餐盤、不同食物分格盛放，領完菜以後再移往共同餐桌吃飯。他們有 20 分鐘能用餐，想吃多少都能盡量吃，唯一條件是必須全部吃完——餐盤裡要是有剩菜，以後就不能再享受優待。吃飯時也不能交談。等用餐完畢，所有餐具（其中竟然有鋒利的牛排刀）都要排在桌上清點，以確保沒人拿去為非作歹。要是真出了亂子，食堂天花板架設的催淚瓦斯筒能在必要時啟動，食堂也因此被戲稱為「毒氣室」。

惡魔島監獄的伙食在 25 年後依然很好，但還是以傳統為主，少有新奇菜色。下面是他們 1954 年耶誕節的菜單，監獄在當天上午 8 點半和下午 1 點半舉行了天主教彌撒，也放映了卻爾登・希斯頓（Charlton Heston）主演的電影《印加奪寶記》（Secret of the Incas）。

鑲芹菜	蔓越梅醬
黑橄欖	派克賓館麵包卷
烤雄火雞	歐列歐配麵包
牡蠣調味醬	南瓜派
雞雜肉汁	水果蛋糕
雪花馬鈴薯	咖啡
奶油豌豆	

大多數的菜餚都能從名稱一目了然，少數幾項可能就讓人比較不明所以了。雪花馬鈴薯（Snowflake potatoes）是拌了酸奶油和奶油乳酪的白馬鈴薯泥，歐列歐（Oleo）是一種人造奶油，派克賓館麵包卷（Parker House roll）是把麵團撖成橢圓形麵皮，對折再烘焙。

惡魔島監獄在 1963 年 3 月 21 日關閉，以下是那一天最後的早餐：

什錦乾穀片

蒸全麥

炒蛋

鮮奶

燉水果

土司

麵包

奶油

咖啡

貓王的喜宴

1967 年 5 月 1 日

1967 年 5 月 1 日，搖滾天王「貓王」艾維斯・普里斯萊與普麗西拉・波利在拉斯維加斯的阿拉丁賭場酒店（Aladdin Hotel）完婚。結婚儀式為時僅僅 8 分鐘，只有 14 名觀禮人見證這對夫妻誓言相愛互敬——據說出於貓王的要求，誓詞中的「服從」一詞被刪除了。以演藝圈的標準觀之，這場喜宴相當樸實無華：一場自助餐形式的午宴，只有 1 百位賓客參加，唯一受邀的名人是喜劇演員瑞德・福克斯（Redd Foxx）。這對夫妻選用的第一支舞曲是〈溫柔地愛我〉（Love Me Tender），從此以後，許多喜宴都以這首歌開舞。

攜手切結婚蛋糕的貓王與普麗西拉。

雖然這對夫妻顯然十分恩愛，婚前已經在貓王的豪宅優雅園（Graceland）同居超過五年，但還是有人認為這場婚禮是綽號「湯姆上校」的貓王經紀人帕克（'Colonel Tom' Parker）策畫的公關活動。到了 1967 年，流行樂壇已經改朝換代，由披頭四、滾石合唱團與海灘男孩稱霸。在此

之前的四年間，貓王只站上排行榜冠軍一次，而帕克極欲重振他的演藝生涯。帕克絕對掌控了整場婚禮——從挑選地點、對賓客名單的限制到吸引媒體關注，都由他一手包辦。這場婚禮最著名的照片之一在隔天穩居全球媒體頭版，或許也是帕克的功勞：在照片中，貓王夫婦攜手站在一個結婚蛋糕旁，而這個蛋糕之壯觀，用於規模大上十倍的演藝界婚禮也不為過。蛋糕的夾心是杏桃果醬與櫻桃酒鮮奶油，外層覆以翻

菜單
火腿雞蛋
南方炸雞
洛克斐勒生蠔
烤乳豬
蜜汁鮭魚
龍蝦
雞蛋佐紅蔥醋醬
六層結婚蛋糕
香檳

糖、飾以杏仁膏捏成的玫瑰花，價格據說在 3,200 美元之譜。在 1967 年，這個金額足以購買一輛全新的雪佛蘭汽車。

菜單上的其他菜餚則揉和了賭城風華與南方安逸：生蠔龍蝦和火腿炸雞並陳。生蠔如果佐檸檬汁或塔巴斯哥酸辣醬（Tabasco）直接生吃，是相當健康的蛋白質來源，然而這場喜宴端出的是美國深南方（Deep South）地區的奶油焗烤生蠔，使得它的膽固醇含量與炸雞不相上下。這種料理手法是如此肥腴，在 1899 年發明這道菜的紐奧良安東尼餐廳（Antoine's）將其命名為「洛克斐勒生蠔」——指的是美國首富約翰·D·洛克斐勒（John D. Rockefeller）。

馬提·雷克（Marty Lacker）是貓王從小認識的好友，也是婚禮的兩名伴郎之一。根據雷克的說法，在這份菜單上，貓王真正

愛吃的只有火腿、雞蛋和雞肉。他之所以鍾情於高油、高鹽、高糖的食物，或許是源於兒時在密西西比州土佩洛（Tupelo）的貧困生活，不過這最終恐怕也導致了他的英年早逝。瑪麗‧簡金斯‧蘭斯頓（Mary Jenkins Langston）曾為貓王擔任十四年廚師，直到他逝世為止，而她曾在 1996 年表示：「他人生唯一的享受就是吃，而且他喜歡油膩的東西。」蘭斯頓在多年間將貓王最愛的點心「炸香蕉花生醬三明治」改良到臻於化境，祕訣顯然是先把麵包烤過，如此一來麵包就能吸收更多奶油，炸起來更酥脆。

1977 年 6 月 26 日，貓王的最後一場演唱會在印第安納波利斯市（Indianapolis）市場廣場球場（Market Square Arena）舉行。他在同年 8 月 16 日死於嚴重心臟病發。

白脫牛奶烤「炸雞」佐蘋果包心菜沙拉

4 人份

麵衣
100 公克麵包粉
50 公克玉米片，壓碎
2 大匙帕馬森乳酪粉
1 小匙鹽
1 小匙乾燥牛至
2 小匙紅椒粉
1/2 小匙大蒜粉
1/4 小匙辣椒粉

蘋果包心菜沙拉
1/4 顆白色包心菜，切成小碎片
2 顆翠玉蘋果，去核切薄片
1 根芹菜，切薄片
1/2 顆紫洋蔥，去皮切細絲
1 根紅蘿蔔，削皮刨絲
1 顆檸檬，榨汁
2 大匙白脫牛奶
1 大匙美乃滋
10 克新鮮薄荷，切碎
1 大撮鹽

在每根雞腿上畫 3 或 4 刀，以幫助醃料入味並軟化肉質。取一個大碗，放入所有醃料食材並混合均勻，讓雞腿確實完整沾附醃料並浸泡其中。用保鮮膜封住碗口，進冰箱醃至少 6 到 8 小時或一整晚。

在淺托盤中混合所有麵衣食材，玉米片必須保有一點酥脆口感。

烤箱預熱至攝氏 200 度，或旋風烤箱 180 度、瓦斯烤箱第四級。把金屬烤架置於烤盤中，刷上或噴上少許植物油。

把雞腿從醃料中取出，放到盛裝麵衣的托盤裡，要確保麵衣大量且完整地裹住雞腿，再將雞腿置於上過油的烤架上。

等雞腿都裹好麵衣且置於烤架上，進烤箱烤 40 到 45 分鐘，直到雞腿表面全部呈棕黃色、中心也熟透即可。

在烤雞腿的同時製作蘋果包心菜沙拉。把所有食材放入大沙拉碗中，混合均勻並試吃鹹淡是否適中。

雞腿出爐後，趁熱與爽脆的沙拉一起享用。

查爾斯王子與戴安娜王妃的喜宴

1981 年 7 月 29 日

皇家婚禮近看是王子與公主交換誓約的場合,退一步觀之,會發現裡面充滿象徵訊息,訴說著這個國家以及皇室與國民的關係。本篇要介紹的是英國查爾斯王子與戴安娜王妃的喜宴,而這場婚禮在鬆綁正規禮儀之餘,兼顧了對傳統的尊重,從婚禮配樂的選曲就可以見得:威爾斯衛隊(Welsh Guards)的樂團先後演奏了電影《愛的故事》(Love Story)主題曲與海頓的〈公牛小步舞曲〉(Oxen Minuet)。

	音樂節目表		菜單
1. 選曲	福佑新娘	艾禮斯	鯛魚丸
2. 圓舞曲	西敏圓舞曲	法農	
3. 選曲	奧克拉荷馬	羅傑斯	威爾斯親王上選雞肉
4. 間奏曲	月河	曼西尼	奶油蠶豆
5. 小夜曲	拿坡里小夜曲	溫克勒	鮮奶油玉米
6. 進行曲	棉花大王進行曲	蘇沙	新馬鈴薯
7. 圓舞曲	金與銀圓舞曲	萊哈爾	
8. 選曲	窈窕淑女	勒韋	沙拉
9. 婚禮主題曲	威爾斯親王	戴維斯／瓊斯	草莓凝脂鮮奶油
10. 電影主題曲	愛的故事	賴	
11. 波卡舞曲	開聊波卡舞曲	小史特勞斯	**酒單**
12. 選曲	南太平洋	羅傑斯	1976 年棕山悠芙園晚摘葡萄酒
13. 小步舞曲	公牛小步舞曲	海頓	1959 年拉圖酒莊葡萄酒
14. 圓舞曲	舞會佳人	安德森	1969 年庫克香檳

D‧N‧泰勒(D. N. Taylor)
少校指揮威爾斯衛隊軍樂團

1955 年泰樂波特酒

查爾斯王子的祖父與母親分別在 1923 年與 1947 年成婚，相較之下，查爾斯王子的婚禮菜單不無相似之處，三場喜宴都有根據皇家夫婦與家庭命名的菜餚。1981 年的賓客享用了「威爾斯親王上選雞肉」（Suprême de Volaille Princesse de Galles），1923 年的喜宴則端出「瑪麗皇后上選鮭魚」（Suprême de Saumon Reine Mary）和「阿爾伯特王子小羊肋排」（Côtelettes d'Agneau Prince Albert）。而在 1947 年的喜宴上，魚肉料理叫做「蒙巴頓 *9 龍利魚排」（Filet de Sole Mountbatten），甜點是「伊莉莎白公主冰淇淋蛋糕」（Bombe Glacee Princesse Elizabeth）。遵循這類傳統有助於創造延續傳承的意義，也是以一種比較輕鬆的方式來慶祝兩家聯姻、恭賀皇家配偶新晉高位。不過這種作法有失委婉，也不禁令人納悶：瑪麗皇后真希望有人拿她的名字為一道魚肉料理命名嗎？

在 1981 年，對於一場在高爾夫球俱樂部舉辦的中產階級婚禮來說，一份有四道菜的餐點並不算過分。即使當時失業人口高達 250 萬人，這對夫婦的婚禮也很難惹來過度鋪張的非議。反觀查爾斯王子的祖父阿爾伯特王子（後來登基為英王喬治六世），他享用就的是一場有九道菜的隆重喜宴了──遠遠超出 1923 年英國一般國民的財力與生活經驗。查爾斯王子的菜單昭告了世人：他的家庭與平民還是有點類似之處。他的祖父則讓人民體認到皇室與普通人家的天壤之別。

一場英國皇家婚禮的菜單卻以法文書寫，看起來可能有點奇怪，不過法文自十九世紀起就是飲食與正式文書的代表語言，而 1981 年，英國對自家食物還沒那麼有信心。從前的英國人老是自慚形穢，覺得法國人不只比較會做菜，也更懂得說一口好菜。就連草莓配凝脂鮮奶油（Strawberries and clotted cream）這個再

英國不過的組合，在這份菜單上都以法文寫成「Fraises and Crème Caillée」。等到 30 年後，查爾斯與戴安娜的長子威廉（William）與凱特‧密道頓（Kate Middleton）結婚時，情況才有所改觀。這一回，他們的喜宴菜單以英文書寫，並且自豪地宣揚食物的英國本土根源：

蘇格蘭北高地梅（Mey）[*10] 地區上選有機小羊背脊肉
海格洛夫（Highgrove）[*11] 春蔬
英格蘭蘆筍
澤西島皇家馬鈴薯佐溫莎醬汁

輪到查爾斯與戴安娜的次子哈利於 2017 年結婚時，喜宴準備的是「碗裝輕食」（Bowl food），也就是形式介於開胃小點和主餐之間的餐點，菜色包括豌豆薄荷燉飯、法式燉雞、慢烤豬五花肉佐蘋果泥與脆豬皮，而且賓客要站著吃。歷代皇室成員想與國民建立怎樣的關係，全寫在他們的喜宴菜單上。

第五章

體壇與演藝界

重現芭比的盛宴，
在奧斯卡頒獎宴上品嚐金粉，
與拳王共享醃燻魚，
和 1966 年世足冠軍吃熱量爆表的一餐，
為奧運烹煮 5 百萬份餐點，
到皮克斯總公司享用麥片吧，
用午餐肉塞滿肚皮。

第一屆奧斯卡頒獎典禮晚宴

1929 年

從疊在土司上的半隻烤雞與長條馬鈴薯（薯塊），到 13.5 公斤的食用金粉——奧斯卡獎自創立多年以來，官方宴會上的食物有相當戲劇化的改變。第一屆奧斯卡獎頒獎典禮在 1929 年 5 月 16 日舉行，而這與其說是典禮，不如說更像一場超大型的晚宴派對：在洛杉磯的好萊塢羅斯福酒店（Hollywood Roosevelt Hotel）裡，與會的 270 位賓客（每人 5 美元入場費）齊聚一堂享用美食，菜餚有芹菜、萵苣、番茄佐法式沙拉醬，以及法式教皇清湯（Consommé Celestine）——綴以可麗餅絲的澄清雞高湯。

頒獎典禮到隔年才開始對外廣播，不過得主名單早在典禮 3 個月前就宣布了，使得開獎的緊張刺激略微打了折扣。時任影藝學院主席范朋克（Douglas Fairbanks）在典禮中以每分鐘一座的速度，很快頒發完十五個獎座。據說，奧斯卡獎座的設計出自米高梅電影公司（MGM）美術指導塞德里克·吉班斯（Cedric Gibbons）之手，在 1927 年的影藝學院成立派對中，他在餐巾紙上畫出獎座的草圖。

菜單

各色開胃小菜

芹菜、橄欖、堅果、小餐包

法式教皇清湯

奶油煎龍利魚排

半隻烤雞佐土司

時鮮四季豆

長條馬鈴薯

萵苣番茄佐法式沙拉醬

香草巧克力冰淇淋

蛋糕

咖啡

1943 年，奧斯卡頒獎典禮晚宴一景，由左至右是金‧雷蒙德、萊斯利‧霍華德、桃樂絲‧黛里奧與塞德里克‧吉班斯。

　　多年來，奧斯卡獎有過多個不同的活動會場，包括國賓飯店（Ambassador Hotel）的椰林夜總會（Cocoanut Grove）在內，不過晚宴自從 1942 年以後就與典禮分開舉行，變得比較像是續攤的派對。

　　即使如此，這個如今以「奧斯卡晚宴」（Governor's Ball）為人所知的場合仍然愈來愈奢華，從前要端坐享用的正式晚餐，自 2012 年起改為由端著小盤子的侍者在場內穿梭供應食物。過去 20 年來，奧斯卡晚宴的餐點都由名廚沃夫岡‧帕克（Wolfgang Puck）領軍打理，烹飪團隊如今成長到 250 人，要服務 1,500 名賓客。與會人士可以期待各式各樣的佳餚，諸如灑了 24K 金金粉的魚子醬聖代、小金人造型的百香果焦糖棒棒糖，還有手工雕鑿的冰雕座，用於盛放壽司與其他生食小點。2018 年，團隊的烘焙組更端出 7,000 枚奧斯卡獎座造型巧克力，全裹著食用金粉。當然了，席間也有無肉、無奶、無麩質與無堅果的餐點任君選擇，要是這仍然不夠，一個約 12 人組成的廚師團隊在現場待命，能依照特殊要求調理食物。

可以想見帕克的採購清單十分驚人，包括 1,400 瓶白雪香檳（Piper Heidsieck Cuvée Brut）、6,000 支雞尾酒叉與 1,000 朵朱槿在內。但他們並非只端出高級料理，現場也會有迷你披薩和漢堡、墨西哥萊姆蛋白酥起司蛋糕塔可餅、魚子醬烤馬鈴薯（布萊德·彼特的心頭好），以及松露酥皮雞肉派（芭芭拉·史翠珊的特別要求）。未動用的食物會捐贈給慈善組織終結飢餓廚師協會（Chefs to End Hunger）。

拳王阿里的塔頂餐廳早餐會

1966 年 7 月 24 日

1964 年 2 月 25 日，年輕的拳擊手卡修斯·克萊（Cassius Clay）擊敗桑尼·利斯頓（Sonny Liston），登上世界重量級拳擊冠軍寶座，並旋即改名為穆罕默德·阿里（Muhammad Ali）。1966 年 5 月，他力克英國重量級拳手亨利·庫珀（Henry Cooper），蟬聯拳王頭銜，並且在兩個月後做東舉辦早餐會，地點選在倫敦的塔頂餐廳（Top of the Tower）——位於英國電信塔（General Post Office Tower，昔稱郵政塔）第 34 樓的旋轉餐廳。

這座塔樓剛在前一年由英國首相哈羅德·威爾森（Harold Wilson）正式揭幕，象徵著威爾森想用來重建英國的「頂尖科技」。阿里早餐會的舉辦地點雖然高高在上，菜單內容倒是很平易近人，而且詳列出早餐穀片的種類這種枝微末節，彷彿同時供應麥絲卷（Shredded Wheat）和玉米片很能吸引人似的。未必想與阿里見面的食客，看到菜單上的「各式果醬」，說不定會改變心意。這份菜單也提供新鮮水果沙拉，算是略為帶入歐式早餐風格，可是又搭配了鮮奶油，弄得有如甜點。之所以會有這些古怪又乏善可陳的細節，或許是因為這家餐廳的老闆是比

為民眾簽名的拳王阿里。

利‧巴特林（Billy Butlin）——打造出英國度假村產業的傳奇大亨。

場地與菜單的怪異組合，或許恰恰象徵了威爾森的夢想在後續年間將面臨的挑戰：科技雄心與工業傳統的衝突。

英國作家薩默塞特‧毛姆曾說：「在英格蘭想吃得好，就得一天三頓都吃早餐。」如此看來，這位獲多人推崇為二十世紀最偉大運動員的拳王，也許很享受這頓清晨的饗宴吧。阿里肯定很喜歡大份量、高蛋白質的早餐。他在 1974 年的「叢林之戰」（Rumble in the Jungle）拳賽中擊敗喬治‧福爾曼（George Foreman），重奪世界冠軍頭銜，而他在隔天吃的慶功早餐有兩塊牛排與一份含 12 顆蛋的炒蛋。只不過，主角要是換成短跑健將尤塞恩‧博爾特（Usain Bolt）或足球明星羅納度，我們很難想像他們會就著一碗麥絲卷或一盤腰子與粉絲見面。自 1966 年以來，不論是餐飲界或名人的行事作風都已大為改觀。

傳統英式早餐的極致表現，出現在維多利亞晚期的上層階級舉辦的鄉居宴會上：一盤盤保溫的腰子、醃燻魚、印式魚蛋燴飯（Kedgeree）陳列在餐具櫃上，讓客人在從前夜的縱逸享樂中恢復

→ 菜單 ←

鮮果汁

柳橙、番茄、葡萄柚

燕麥粥

玉米片

葡萄柚

麥絲卷

蛋、培根、香腸、番茄

腰子與培根

水煮黑線鱈

培根蛋

醃燻魚

鮮奶油新鮮水果沙拉

茶或咖啡

小餐包配奶油

各式果醬與柑橘醬

精力的同時，一邊大快朵頤。早餐要從容不迫地享用，也是唯一可以邊吃邊閱讀（八成是《泰晤士報》）又不會失禮的一餐。以燻魚、雞蛋、香料與米飯烹煮而成的魚蛋燴飯是英屬印度常見的主食，不過勞動階級恐怕無暇準備這種早點。培根和雞蛋就不一樣了，不只速成又富含脂肪與鹽分，容易有飽足感。到了 1950 年代，不論是在自家或廉價小館（英文俗稱 Greasy spoon），英國估計有半數人口都是吃了培根蛋再上工。

培根蛋這道菜或許起源於基督教傳統的「肉片星期一」（Collop Monday）。肉片星期一的隔天是懺悔星期二（Shrove Tuesday），接下來，為了紀念耶穌復活而舉行的大齋節期（Lent）就開始了。大齋節期間不能吃肉，所以信眾會把手邊的豬肉鹽漬成培根，以便保存到復活節後開齋時還能食用。因為大齋節期也不能吃蛋，所以殘存的邊角肉會與剩下的雞蛋一起煮完吃掉。所以說，這道英式熱炒絕配是比鬆餅早一天發明出來的 [12]。

拳王阿里的菜單站在三種早餐傳統的交叉路口。到了 1950 年代末期，麥片逐漸取代了培根蛋在英國早餐桌上的位置，導致英國禽蛋銷售委員會推出「吃個蛋、再上工」的行銷活動反擊，從 1960 年代持續到 70 年代初期。在此同時，魚蛋燴飯和香辣腰子等維多利亞式早點已不再熱門。在 1966 年的阿里早餐會上，這三種傳統齊聚一堂──麥絲卷、培根蛋和燻魚並列於同一份菜單。等到 1980 年代，倫敦已鮮少有旅館還在早餐時供應醃燻魚。

1980 年 10 月，阿里最後一次復出挑戰重量級世界冠軍頭銜，結果敗給賴瑞‧霍姆斯（Larry Holmes）。同一年，巴特林的塔頂餐廳也永久結束營業。

英格蘭隊的世界盃冠軍慶功宴

1966 年 7 月 30 日

吉奧夫・赫斯特（Geoff Hurst）演出（有點爭議的）帽子戲法，觀眾闖進球場，英格蘭以四比二擊敗西德，拿下世界盃足球賽冠軍。然後他們就跑去吃晚餐了。

如同你可能會有的預期，慶功宴的開胃菜是職業選手都會欣然接受的哈密瓜冰沙。這道健康冷飲最簡單的作法，不過是拿哈密瓜加薄荷打成果昔，或許再略加點檸檬汁即可。到此為止還不錯，接下來就每況愈下了。魚肉料理「法式香煎龍利魚排」（Sole Veronique）[13] 是傳奇名廚喬治・奧古斯特・埃斯科菲耶（Georges Auguste Escoffier）的發明，初衷是為了慶祝 1898 年安德烈・梅薩熱（André Messager）的輕歌劇《薇若妮卡》（Veronique）首演。這道魚排的主角是白肉魚，對運動員而言是優良的蛋白質來源，然而在這裡以苦艾酒、鮮奶油和葡萄調成的醬汁烹煮，外加奶油和麵粉

> ### ── 菜單 ──
>
> 哈密瓜冰沙
>
> 法式香煎龍利魚排
>
> 紅酒肋眼牛排
>
> 奶油四季豆
>
> 可樂薯餅
>
> 女士驚喜舒芙蕾
>
> 世界盃冰淇淋蛋糕
>
> 法式小點
>
> 咖啡
>
> **餐酒**
>
> 1963 年夏布利沙坦一級園葡萄酒
>
> 1961 年哲維尚貝丹葡萄酒
>
> 韓可香檳
>
> 干邑白蘭地──利口酒

勾芡。2014 年世足賽期間，英格蘭隊首席營養師詹姆斯・柯林斯（James Collins）為球員規畫的菜單是生魚片和藜麥粥，與這道卡路里爆表的魚排天差地遠。但說句公道話，柯林斯照顧的英格蘭隊在小組賽階段就被淘汰出局了。

等到主菜上桌時，所有專業顧慮都已被拋諸腦後。紅酒大蒜牛排與拌了奶油的炸馬鈴薯一起上桌，雖然接下來有蔬食料理四季豆，不過這些有益健康的豆子還是拌了奶油。吃完這些還沒結束，球員接著得面對冰淇淋蛋糕和隨後的法式小甜點——以免他們攝取的脂肪多過糖分，不夠均衡嘛。

這份菜單或許顯得有些老派，不過當時的社會觀念同樣很守舊。英格蘭隊球員來到倫敦肯辛頓區（Kensington）的皇家花園酒店（Royal Garden Hotel）赴宴時，發現邀請卡上並沒有「攜伴」的選項。他們的妻子和女友得前往酒店另一廳，與他們分開慶祝。

這份菜單也列出席間敬酒的對象——英國女王、國家領袖與足球總會主席，全都是掌權的組織機關，隻字未提球員或球賽本身。不過，菜

單上並未註明慶功宴的結束時間，或許球員可以隨意在他們自認該結束時離開吧。

享用晚餐的球員妻子們。

146

蒙提・派森的午餐肉小館菜單

1970 年

1969 年，喜劇團體蒙提・派森（Monty Python）的《飛行馬戲團》（Flying Circus）首度與英國電視觀眾見面。即使這套節目播映了四季又衍生出四部電影，其中一段關於午餐肉（SPAM®）的小品仍是忠實粉絲不變的最愛。乍看開頭，這不過又是一段以廉價小餐館為背景、設定老套的喜劇小品：主角是一群扮相暗沉平凡的人物，要從無聊的菜單挑選乏味的英國食物——每道菜都加了午餐肉，除了午餐肉還是午餐肉。不過他們可是蒙提・派森哪：背景人物全是維京海盜，兩名主角顧客吊著鋼絲從天而降，女性全是誇張的男扮女裝。沒過多久，劇中人就開始扯開嗓門唱歌。

對這個段子來說，午餐肉是菜單再理想不過的選項。當美國大兵在 1940 年代把午餐肉帶到英國時，這種肉品有如奇蹟——又鹹又油、容易有飽足感，可以就著罐頭直接吃。不過它在戰時的魅力到 70 年代已經消退，僅僅是一種便宜的蛋白質來源，學校廚房會拿它來填餡餅，餵給不知起疑的小朋友，儉省的郊區居民也會拿它與蔫軟的萵苣番茄湊合著吃。午餐肉可說是英國黯淡不景氣的縮影。

不過蒙提・派森認為「SPAM®」這個字實在絕妙，它就像這個喜劇團體拿來逗觀眾開心的另一種肉類替代品——血糕（Black pudding），英文發音有種喜感。然而，沒人真正確知這個字的意思。美國荷美爾食品公司（Hormel Foods）很以發明午餐肉為榮，

MENU

EGG + SPAM
EGG BACON + SPAM
EGG BACON SAUSAGE + SPAM
SPAM BACON SAUSAGE + SPAM
SPAM EGG SPAM SPAM BACON
  + SPAM
SPAM SPAM SPAM EGG + SPAM
SPAM SPAM SPAM SPAM SPAM
  SPAM BAKED BEANS SPAM
  SPAM SPAM + SPAM

LOBSTER THERMIDOR AUX
  CREVETTES WITH MORNAY
  SAUCE GARNISHED WITH
  TRUFFLE PATE
BRANDY+FRIED EGG + SPAM

甚至創立了一座博物館來發揚午餐肉之光，不過就連該公司都拒絕說明這個字的意思。有人認為這是香料火腿（Spiced ham）的縮寫，另一些人則認為這代表「豬肩肉加火腿」（Shoulder pork and ham）。荷美爾沒有對任何一種說法表示支持。還有人認為，這是聽來略顯乏味的「特製美國加工肉品」（Special processed American meat）的縮寫。

英國人或許不再愛吃午餐肉了，不過荷美爾仍在官網上自豪地宣稱，全世界每秒會賣出 12.8 罐午餐肉，即使出了英國，不論非洲或歐洲的任何地方都沒有販賣這種產品。午餐肉甚至成為某些地方文化的一部分。夏威夷在二戰期間有許多美國士兵駐守，從而衍生出午餐肉炒飯、午餐肉炸餛飩這類菜色，使得夏威夷平均每年每人會吃掉 16 罐午餐肉，就連當地的麥當勞都點得到午餐肉。

這份菜單或許只有派森迷會津津樂道，不過全世界的人即使不知何謂低能走路部（Ministry for Silly Walks），也不曉得布萊恩（Brian）是個調皮鬼 *14，仍然受到後續影響。當電腦科學家想找一個字來描述塞滿電子信箱、不請自來又討人厭的大量郵件，他們馬上求助於他們最愛的廉價小館菜單，把垃圾電郵命名為 spam，如今這這個詞也多了一個完全不同以往的意思。

芭比的盛宴

1987 年

任何人曾耗費數小時準備耶誕大餐，結果卻只是眼睜睜看著親人當著桌上的球芽甘藍和麵包醬汁狠狠吵架、使性子、鬧離婚，那麼他們看到芭比的盛宴如何撫慰食客的心、使人重修舊好，一定會備受激勵。1987 年上映的《芭比的盛宴》（Babette's Feast）曾榮獲奧斯卡最佳外語片獎，無數專業和業餘廚師受到芭比的感召，紛紛挑戰重現她豐美無比的菜單，還有更多人樂此不疲地討論她是否該以不同的葡萄酒來搭配烤鵪鶉。時至今日，這場盛宴仍是網路上眾人津津樂道的話題。

《芭比的盛宴》

電影主角芭比‧艾爾松，由絲特凡‧奧德朗飾演。

　　電影背景設定在 1871 年，丹麥某個地處偏遠的濱海村莊。主角芭比出身巴黎但流亡異國，被一群信奉路德教派的村民接納，全劇重心就是她為村民烹調的一場絕美饗宴。路德派教徒力行清苦度日，平常吃的是燻魚和麵包粥這類無聊乏味的東西，不過他們「信天主教的」（Papist，帶有貶意）廚師擬出的菜單豐美絕倫，兩者形成強烈對比。起初，這群客人對這場盛宴和它代表的放縱享樂滿懷猜疑，於是彼此約定在席間全程保持沉默。雖然他們心存防備，等到那晚將結束時，美食（以及份量不可小覷的美酒）帶來的無上愉悅，療癒了痛苦的舊傷，將失和的村民凝聚起來。

　　亞歷山大‧沃克（Alexander Walker）在他為倫敦《標準晚報》（*Evening Standard*）撰寫的影評中表示：「這一餐花了兩週時間拍攝，

菜單 ──

烏龜湯
—阿蒙提亞多雪莉酒

魚子醬酸奶油小薄餅
—凱歌香檳

酥皮烤鵪鶉佐肥肝與松露醬汁
—梧玖莊園黑皮諾葡萄酒

菊苣沙拉

蘭姆酒薩瓦蘭蛋糕佐無花果
與蜜餞
—香檳

乳酪與水果
—蘇玳貴腐酒

咖啡與渣釀白蘭地
大香檳區干邑白蘭地

它實際的準備與烹飪本身就是一部微電影，有著令人垂涎的精緻細膩」。

《芭比的盛宴》在紐約上映時為了宣傳，商請數家餐廳實際重現芭比的菜單。許多餐廳至今仍供應芭比的盛宴，但選用的通常是比魚子醬和松露便宜的食材，而這也可以理解，因為芭比有本錢請這次客，都是贏得了 1 萬法郎法國彩券的緣故──在 1871 年，這是普通法國人一年薪水的十倍。芭比若想端出最高級的魚子醬，確實需要如此雄厚的財力。鑽石魚子醬（Almas caviar）產於伊朗，取自罕見的白化鱘魚，據說是全世界最昂貴的食物，想購買 1 百公克得砸下大約 2,000 英鎊重金。

不過，芭比的菜單之所以威力無窮，並不是因為造價不斐，而是她為了準備這一餐所投注的愛、喜悅和手藝。

蘭姆酒薩瓦蘭蛋糕

6 到 8 人份

蘭姆酒薩瓦蘭蛋糕

7 公克（一小袋）乾酵母

50 毫升溫牛奶

200 公克通用麵粉

3 顆大蛋

90 公克無鹽奶油，軟化備用，
另備額外奶油抹油用

糖漿

330 公克糖

500 毫升水

1 顆柳橙的橙皮屑

4 大匙蘭姆酒

擺盤裝飾

4 到 5 個新鮮無花果，縱切成半
與 1/4

200 毫升打發用鮮奶油

50 公克糖霜

1 顆柳橙的橙皮屑

200 公克新鮮覆盆子

10 公克新鮮薄荷

取小杯子以微溫的牛奶溶化酵母。

攪拌機裝上攪打附件，在攪拌缸中放入麵粉、酵母溶液與蛋，攪打 2 到 3 分鐘，直到有彈性的麵團成形。沒有攪拌機可以改用木匙攪拌。用乾淨的布蓋住麵團，置於溫暖處發酵約 1 小時。

烤箱預熱至攝氏 200 度，或旋風烤箱至 180 度、瓦斯烤箱至第 4 級；用軟化的奶油給薩瓦蘭蛋糕模大量抹油。

把軟化的奶油與 1 大匙糖加入發好的麵團，用攪拌機再度攪打約 2 分鐘，然後把麵團移到擠花袋裡（不用裝花嘴）。

把麵團擠入備好的蛋糕模，邊擠邊輕拍蛋糕模表面，以確保麵團不夾帶氣泡且維持平整。

不用覆蓋，讓麵團在模中靜置發酵 30 分鐘，再放進預熱好的烤箱烤 25 到 30 分鐘。烤好的蛋糕應該呈金黃色，輕壓後會彈回原狀。

趁烤蛋糕同時調製糖漿。把剩餘的糖、水和橙皮屑放入小平底鍋中，小火 10 到 15 分鐘，直到水分略微收乾，再加入蘭姆酒調勻。

蛋糕出爐，先靜置 5 分鐘再反轉出模、放到成品架上。淋上蘭姆酒糖漿。

讓蛋糕靜置冷卻，在等候的同時將糖霜和橙皮屑加入鮮奶油，打至中性發泡。

把冷卻的薩瓦蘭蛋糕盛盤。打發鮮奶油放進接了星形花嘴的擠花袋，擠到蛋糕中央的空心處，不過要等蛋糕完全冷卻且快上桌前再擠鮮奶油。以無花果和新鮮覆盆子裝飾，撒上碎薄荷葉與糖霜。

注意：本食譜需要一個直徑 20 公分的傳統薩瓦蘭蛋糕模、一個擠花袋。

運動選手的菜單

2018 年平昌冬季奧運會

世界頂尖運動選手得盡可能攝取最優質的飲食，才能在賽場上有最佳表現——基於這個原因，奧運主辦單位直到 1984 年的洛杉磯奧運，才提議或許該讓飲食專家來設計選手的菜單，似乎就有些奇怪了。

運動員自然各有不同的需求（以及宗教和文化規範，過敏與不耐症更不在話下），但即使到了 1996 年的亞特蘭大奧運，會場供餐仍差強人意，選手還是在抱怨應該有更多低脂與高碳水化合物的選擇才對。情況在 4 年後的雪梨奧運改觀了，主辦單位總算真正開始詢問運動員的需求，並且在開幕之前的訓練營測試菜單。隨之而來的成果是多反映多元文化的澳洲式烹飪，菜色也經常更換以免選手吃膩。從此以後，再也沒有人對此等閒視之。

到了 2018 年的平昌冬奧，選手的伙食更提升到完全不同的檔次，由營養學家坐鎮設計菜單不說，環保永續等議題也成為主要考量。為了將近 8 千名選手和官員，主辦單位擬出一份長達 18 頁的菜單，需要近 2 百名廚師投入準備。他們端出了大約 5 百萬份餐點，包括符合猶太教規、清真、純素、無麩質的選擇，以及你能說出的每一個國家的菜色。

韓式烤肉特別受到歡迎，多種乳酪任君選擇（愛登、瑞士、卡門貝爾、菲達、切達、伯康奇尼與帕達諾），此外還有 9 種不同的麵包。烤海鱸和比目魚？有。韓國泡菜？有。很多很多的披

薩？也有。

當然了，奧運期間需要吃飯的不只有選手──人山人海的觀眾也會肚子餓。主辦單位致力使遊客感到賓至如歸，往往也在菜單方面做了特別規畫。2008 年北京奧運期間，該市 112 家奧會官方指定餐廳全被要求把狗肉從菜單上移除，以免冒犯外國客人，各個主要場館附近的餐廳也被建議為菜名重取譯名，例如將「夫妻肺片」（husband and wife's lung slice）改成沒那麼教人擔心的「辣醬牛肉與牛肚」（beef and ox tripe in chilli sauce）。

在 2012 年的倫敦奧運，遊客不只能一嚐國際化的各式餐點，也能吃到最上乘的英國菜，包括康瓦爾餡餅、約客夏布丁與培根三明治在內，不過炸魚薯條卻遇到了一點小問題。主辦單位與官方餐廳贊助商麥當勞在討論後達成協議：炸魚薯條能作為完整的一道菜供應，但不能只有薯條，因為麥當勞是那次奧運中唯一有權賣薯條的餐廳。

2018 年南韓平昌冬奧會的閉幕式。

皮克斯的麥片室

現今

自從在 1995 年推出《玩具總動員》，皮克斯工作室搖身一變，開始稱霸動畫界。一路走來，他們憑著魚、機器人、怪獸、蟲蟲和陷入喪偶之痛的老爺爺，贏得無數奧斯卡獎座，無怪乎記者會想去參觀這家公司了。同樣可以想見的是皮克斯的戒慎以對。偶爾會有幾個幸運兒獲准進入皮克斯的大門，由此生出的報導文章五花八門，從創造力的剖析到科技與管理架構的思考都有。不過，大多數的文章也不約而同提到了皮克斯的「麥片室」。

麥片室全天候對所有員工開放，公司鼓勵他們凡是心血來潮都能去盛一碗麥片；選擇繁多，通常都很甜。不論是在辦公桌前、放映會上，或是騎滑板車時，都可以享用。這與 1950 年代嚴格控制的工作用餐時段大相逕庭——從前人人只能在工廠吹用餐哨時才能肚子餓、到了下午 4 點才能口渴。

很多美國西岸的高科技巨擘都提供員工美食福利，皮克斯並非罕例。谷歌工作園區內有多間餐廳，菜色從壽司到鹹牛肉應有盡有。廚師在那裡待命，隨時為你炒一份豆腐，或是從大塊烤肉上為你切下生嫩的肉片。他們甚至還有教學廚房，讓員工學著在回家後重現在公司最愛吃的菜色。臉書的伙食好到一個地步，當他們想在山景城（Mountain View）興建一座巨大的新園區，當地的餐飲業者群起抗議。山景城市政府實在擔心臉書可能重創在地餐廳，最後只允許開發計畫在不免費供餐的條件下進行。

有些觀察人士表示，免費食物就像公司附設健身房、洗衣服務，甚而芭蕾與雕塑課程，不過是增加員工工時的手段罷了。疑心沒那麼重的評論家則說，這是提升職場社交、合作與趣味性的方式，並聲稱這就像更慷慨的育嬰假，或是放寬員工帶寵物上班，使員工更幸福。

皮克斯很以他們的麥片文化為榮，還為此拍了一部影片，稱呼自助麥片室是全皮克斯最棒的地方。不過他們也承認，其中有些麥片與其說是為成人提供能量，不如說是對垃圾食物童心未泯。根據美國農業部，麥片船長（Cap'n Crunch）的麥片含糖量高達 44 %，家樂氏香甜玉米片（Kellogg's Frosted Flakes）35 %。不過家樂氏已經處理了含糖量的問題——把「糖」從產品名稱拿掉。香甜玉米片之前叫做糖霜玉米片（Sugar Frosted Flakes），到了 1983年才改為現在的品名。

➤ 菜單 ➤

迷你麥絲卷

米穀脆

麥片船長

蜂蜜喜瑞兒

蜜糖燕麥棒

喜瑞兒

全方位牌麥片

肉桂穀麥脆片

可可球

低脂果麥片

玉米田園泡

香甜玉米片

強心抗氧化麥片

彩虹麥片

寶氏葡萄堅果麥片

什錦果乾燕麥

肉桂穀麥脆片

第六章

戰爭與和平

威靈頓公爵在倫敦豪宅舉辦滑鐵盧慶功宴，
一戰的英國士兵則在壕溝裡吃提克勒牌果醬，
後來又在澳洲同袍會上豪飲啤酒。
我們也要為了解密兩韓高峰會的菜單遠赴南韓，
接著重返英國老家，
在皇家餐酒小館來一客燉牛雜。

威靈頓公爵的滑鐵盧慶功宴

1839 年 6 月 18 日

1815 年 6 月 18 日，在現今位於比利時境內的滑鐵盧，英國威靈頓公爵（Duke of Wellington）和普魯士元帥布呂歇爾（Field Marshal von Blücher）率領的聯軍擊敗了拿破崙。這場戰役為拿破崙戰爭畫下句點，也協助英國成為稱霸歐洲的軍事力量。

1820 年，威靈頓公爵在滑鐵盧之役 5 週年的前夕辦了一場慶功宴，地點是阿普斯利邸宅（Apsley House）——有「倫敦第一號」（No. 1 London）美譽的威靈頓私宅。這場晚宴的初衷是和在那一役與他並肩作戰的軍官敘舊，後來成為一年一度的知名活動，直到公爵在 1852 年去世為止。民眾會排著隊、爭睹公爵的僕從為這一晚的慶宴張羅廳堂。

這份菜單最驚人之處是它的規模，不是食物份量大（份量冠軍絕對是英王喬治四世的加冕宴），而是菜餚之多樣、廣泛和複雜。光是準備其中一道菜，就得投入數小時的工夫與多年經驗，而且菜單上有幾十道這種功夫菜。例如，要製作法國名廚安東尼·卡漢姆（Antonin Carême）的野味肉凍醬（Pain de Gibier à la Gelée），得先從烘烤 10 隻兔子和 10 隻鷦鴣開始，接著磨成肉泥，再與杏仁醬汁、調味料和肉凍混合，填入華麗的模具冰鎮定型。等烹調完畢，這些大菜會再以松露、雞冠花與對比色彩的小方塊凍子裝飾。它們不只美味也是視覺饗宴，陳列在架高的座臺上，讓賓客好好一飽眼福、嘖嘖稱奇。諸如肉凍、肉醬（pâté）、夏綠蒂蛋糕

菜單

4 碗烏龜濃湯　4 碗春蔬湯

4 道魚肉料理

比目魚佐龍蝦醬　龍利魚排佐濃湯

鱒魚佐紅酒魚醬汁　鰻魚馬特拉醬

4 道開胃菜

攝政王式閹母雞　馬德拉葡萄酒燒火腿

花園牛排　烏龜牛仔頭

24 道主菜

2 道松露上選雞肉	2 道幼鴨排佐豌豆
2 道元帥夫人粉炸鴿排	2 道義式小羊肋排
2 道小牛胸腺佐蘆筍醬汁	2 道土魯斯乳兔
2 道白醬雞肉丸	2 道皇后白醬雞
2 道小牛腹脅排佐什錦萵苣	
	1 道雞排佐奧利番茄醬汁
1 道費南雪酥皮鹹派	1 道米蘭通心麵糕
1 道白醬燉馬鈴薯雞肉	1 道女王燉飯
1 道野乳兔肉片佐蘑菇	

4 道烤肉

1 道肥豬肉鵪鶉　1 道閹母雞　1 道肥豬肉鵪鶉 [15]　1 道野乳兔肉

4 道開胃冷盤

1 道野味肉凍醬	1 道雉雞肉醬
1 道馬德拉巴巴蛋糕	4 道什錦開胃菜
1 道香草舒芙蕾	1 道乳酪火鍋
1 道檸檬舒芙蕾	1 道帕馬森乳酪蛋糕

24 道甜點與小菜

2 道什錦水果	2 道草莓夏綠蒂蛋糕
2 道香草布丁	2 道花飾鳳梨果凍
1 道蛋白酥小點	1 道蘋果牛軋糖
1 道熱那亞糖霜蛋糕	1 道杏桃千層派
1 道肉凍糕佐鵪蛋	
	1 道香檳螯蝦
1 道龍蝦沙拉	1 道鵪蛋
2 道法式豌豆	2 道香草奶油青杏桃
2 道普羅旺斯朝鮮薊	2 道奶油蘆筍

第 1 輪邊桌配菜

2 道白醬酥皮小餡餅

2 道炸雞肉丸濃湯

2 道鹿腿肉

1 道烤牛肉

1 道羊腰脊肉

清湯燉飯

炸沙鮻

第 2 輪邊桌配菜

1 道蘋果塔

1 道燈籠果塔

1 道醋栗塔

1 道蜜餞布丁

1 道米布丁

和派餅，甚至還會塑成高塔、騎兵或軍械的造型，讓與會者重溫他們打過拿破崙戰役。

菜單上也有英國在喬治時代最推崇的食品——烏龜湯。綠蠵龜在十八世紀首次引進英國，當時的水手會在船上飼養烏龜，作為鮮肉的來源。不過綠蠵龜實在美味，很快成為富裕人家必備的菜色。英國在交易鼎盛時期，每年會進口 15,000 隻活龜。短短幾十年間，市場的強烈需求就導致綠蠵龜幾乎被獵捕殆盡，到了十九世紀變得非常罕見，只有最富裕的階級吃得起真正的烏龜湯，財力沒那麼雄厚的人家只能將就仿烏龜肉。

這份慶祝對法勝戰的菜單有第二個令人驚奇之處——它是用法文寫的。英國海軍英雄納爾遜爵士（Lord Nelson）或許曾形容法國人是「小偷、殺人犯、暴君和異教徒」，不過威靈頓不這麼認為。威靈頓十六歲時是尚沒有爵銜的亞瑟・衛斯理（Arthur Wellesley），就讀法國昂熱（Angers）的皇家馬術學院，不只在那裡習得流利的法文也愛上法國的一切種種，包括飲食在內。所以

1836 年滑鐵盧慶功宴

162

說，雖然擬這份菜單的廚師身分至今不為人知，我們可以相當有信心地推斷他出身英吉利海峽的另一岸。

這份 1839 年的菜單有什麼用途，就教人比較不敢肯定了——或許這是給廚房的指示，又或許是宴會後才做的紀錄，無論如何，它絕對沒有出現在當晚的餐桌上。

即使沒有菜單可茲紀念，與會賓客也絕不會懷疑公爵的戰功彪炳，以及他在歐洲舞台上的顯赫地位。晚宴用的銀質餐具是葡萄牙軍隊在 1816 年的贈禮，向公爵對解放伊比利半島的貢獻致意，全套以西班牙和卡斯提爾王國的錢幣鎔鑄而成，總共超過 1 千件，飾以神話生物、寓言人物和軍事勝利的象徵。威廉・沙爾特（William Salter）在 1836 年為滑鐵盧慶功宴畫過一幅油畫，可以看到公爵宅邸用餐室的牆上掛滿藝術品，許多是來自西班牙皇室。1813 年，拿破崙皇帝的哥哥約瑟夫在維多利亞戰役中不敵威靈頓公爵的軍力，戰敗逃出西班牙，這批收藏從而自他手中釋出。

眼尖的吃貨讀者可能會看到菜單上有「Merlents frites」這道菜，並且納悶這究竟是什麼玩意兒，因為「Merlent」這個字似乎不存在。或許這是聽寫法文的「Merlan」卻寫錯了，若是如此，那麼這道菜其實就是炸沙鮻。

　　這份菜單雖然主要以法文寫成，現場裝飾又洋溢著西葡風格，但餐桌上還是有幾道正宗英格蘭菜，反應出公爵對英式甜點的個人愛好。包括女士在內的其他賓客會獲邀與男賓一起享用甜點，有米布丁、燈籠果派與蜜餞布丁（Cabinet pudding）等選擇。

第一次世界大戰的英軍伙食

1914-18 年

```
──── 菜單 ────

摘自格尼詩作〈拉旺蒂〉

馬科諾切、派頓、提克勒,

和格洛斯特的史蒂芬斯;

弗賴本托斯、史皮樂貝克

──壕溝的伙食

非此即彼,唯有麵包

簡單純粹的麵包

是眾人長久清晰的渴望、

超越救贖的祝福。
```

伊沃‧格尼(Ivor Gurney)是英國作曲家與戰爭詩人,詩作聚焦於壕溝生活的日常和顯然難得的閒暇時刻,而不是發表官冕堂皇的宣言。上面摘錄的〈拉旺蒂〉(*Laventie*)就是個好例子。第一次世界大戰期間,守在壕溝中的英國士兵會吃些什麼,這首詩或許提供了最貼近實況的答案。

馬科諾切燉肉(Maconochie stew)是英軍常備的罐頭食品,內容混合了牛肉、馬鈴薯、四季豆、蕪菁、洋蔥和紅蘿蔔,自從一戰十多年前的波耳戰爭(Boer War)以來就是部隊配糧。這種罐頭

要在滾水中加熱 30 分鐘後食用，但迫於戰地現實，士兵不免常要吃冷的。馬科諾切燉肉就算趁熱吃，頂多也只算還堪入口，冷的時候油脂會凝結，令人難以下嚥，還會害士兵嚴重漲氣與便秘。

馬科諾切是如此長伴士兵左右，所以這個詞也成為軍中俚語，用於代稱胃、電話聽筒、軍事勳章或軍功十字勳章等多種物品。有趣的是，戰時駐紮在馬其頓的英軍第 85 戰地救護車隊，曾演出民間傳說人物狄克·惠廷頓（Dick Whittington）的聖誕鬧劇[*16]，劇中的兩名壞人叫做「馬科諾切伯爵」和「約瑟夫·派頓爵士」（Sir Joseph Paxton），而後面這位爵士是根據一種部隊配糧的果醬品牌命名。

提克勒牌（Tickler's）果醬幾乎與馬科諾切燉肉一樣無所不在。這種果醬很稀，可以直接從罐子倒出來，用不著刀子或湯匙。果醬有紅綠兩色（顏色其實完全沒意義，都是梅子蘋果口味），附加好處是罐子能回收利用、製作士兵暱稱為「提克勒火砲」的手榴彈。當時有一首歌曲如此唱道：

> 提克勒！提克勒！
> 我親愛的老朋友提克勒。
> 梅子加蘋果，一磅一罐；
> 從英格蘭老家送來，十噸一批。
> 每晚當我得入睡時，
> 我會夢到我在
> 在達達尼爾海峽奮勇推進，
> 隨身帶著一罐提克勒。

自左上圖起順時針：在前線壕溝中分發麵包；正在喝湯的英國士兵；在西方戰線的彈坑裡吃耶誕節慶祝餐的士兵，可以看到彈坑有部分用於埋葬同袍。

麵包、果醬或柑橘醬有個麻煩的地方：身處前線的人在吃這些東西的同時，很難避免吞下滿口蒼蠅。

一世紀過後，格尼在詩作中提及的品牌大多已遭人遺忘，除了弗賴本托斯（Fray Bentos，以當初製造廠所在的烏拉圭小鎮命名）的罐裝派，至今仍可見於英國超市貨架。這個牌子的粗鹽醃牛肉（Corned/bully beef，二戰時從美國引進英國的午餐肉的前身）還算受士兵歡迎，所以「弗賴本托斯」也成為表示某樣東西還可以的俚語。

餅乾就未必那麼有人氣了。2015 年，一塊自鐵達尼船難逃過一劫的史皮樂貝克（Spiller and Bakers）蘇打餅，在拍賣會中以略高於 15,000 英鎊的價格售出。這等耐放的本事使它成為理想的戰時配糧（也是理想的狗餅乾）。貴格教徒經營的亨帕公司（Huntley & Palmers）是英國政府的承包商，所生產的餅乾又乾又硬，要是不先在茶水裡浸一浸，恐怕會害人咬崩了牙。

每名士兵的每日標準熱量是 3,500 大卡，不過他們的飲食缺乏維生素，又因為戰時物流和德國 U 型潛水艇封鎖航道的問題，供糧屢屢不足。1916 年的麵粉短缺使蕪菁成為製作麵包的替代材料，導致腹瀉問題，軍營廚師（英軍到第二次世界大戰才成立供膳部隊）也得拿雜草來充實湯品，士兵要親手種菜、釣魚來為自己加菜。家人時不時會寄達前線的食物包裹也補強了軍中伙食，裡面通常有巧克力、蛋糕和菸草。英國有多家知名百貨公司推出食品目錄，方便顧客選購想寄到前線的品項，哈洛德百貨公司是其中之一。

想把食物沖下肚可以喝茶，味道既親切又能掩蓋令人作嘔的水味，因為他們往往是拿舊汽油罐充當水杯。他們也有蘭姆酒喝，每當軍隊分發這種飲料，通常代表士兵接著很快要鬧翻天了……

燉肉、餅乾與茶未必是前線飲食的全貌。格尼在〈拉旺蒂〉的結尾補充道：

> 但我想，對士兵來說，拉旺蒂最重要的是
> 它的梧桐樹，那溫泉小村的氣息，
> 以及紅酒、白酒、巧克力、檸檬、石榴糖漿[*17]：
> 上那兒美味的小館買得到。

在法國服役的士兵偶爾能上「Estaminet」打牙祭，這是在前線一帶臨時開張的小餐館，供應雞蛋、薯條這類小吃為士兵解饞，此外也有很快被士兵改名為「碰客」（Plonk）的白酒。

澳洲帝國軍隊第一營的同袍晚餐會

1928 年 10 月 20 日

第一次世界大戰終戰後第 10 年，也是澳洲帝國軍隊第一營（1st Australian Imperial Force Battalion）在加利波利半島（Gallipoli）立下彪炳戰功的 13 週年。為此舉辦的這場同袍會，突顯出生命有些中最美味的食物，其實是最簡單的那些。與會者包括澳洲知名飛行員查爾斯・烏爾姆（Charles Ulm）和暱稱「史密西」（Smithy）的查爾斯・金斯福德—史密斯（Charles Kingsford-Smith），兩人都曾在澳大利亞帝國軍隊服役，也在加利波利打過仗。他們享受了一個暢飲啤酒的夜晚，菜色也很下酒，可說是現在日漸流行的啤酒宴的前身。

啤酒向來是士兵在服勤期間常喝的飲料，因為其壯膽功能與（有待商榷的）藥效，被視為有益的飲品。十八世紀的英國步兵每天能獲份發 5 品脫（近 3 公升）的淡啤酒，至於在美國，喬治・華盛頓則致力讓軍隊紮營在啤酒供應點附近。「啤酒加三明治」也是傳統上廣受歡迎的搭配，到了 1960 與 70 年代，因為一段描述英國首相威爾森與工會領袖定期會談的文字，這個組合又變得格外出名：記者安德魯・馬爾（Andrew Marr）寫道，第一次會談結果不盡理想，因為工會成員覺得會中供應的三明治麵包切得太薄了。到了更晚近的年代，美國科學家為軍隊開發出紅椒香腸與烤雞肉三明治，可以保鮮（或至少說是保存）長達 2 年。

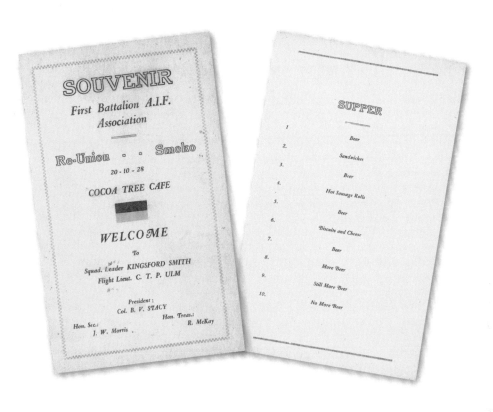

英國連鎖麵包店貴格斯（Greggs）嚴格來說不算科學家，但他們也對軍旅客戶有所用心，曾與供應英軍膳食的海陸空三軍合作社（Navy, Army and Air Force Institutes）合作測試香腸卷（Sausage roll）產品。

1928 年這場同袍晚餐會的菜單列有 9 道菜，乍看豐富，但泰半其實都是啤酒 *18，而在各色下酒菜裡，乳酪與餅乾有著最令人肅然起敬的軍旅歷史。十七世紀時，英格蘭軍隊之所以在愛爾蘭與蘇格蘭屢屢得勝，至少有部分要歸功於他們開始分發柴郡（Cheshire）乳酪配餅乾。這種配糧簡單營養，比麵包耐放得多而不易發黴，也比較廉價且容易製作。在美國南北戰爭期間，士兵的每週配糧也有乳酪配蘇打餅。

奧斯威辛集中暨滅絕營囚犯的
每日「菜單」

1940-45 年

奧斯威辛集中暨滅絕營每天放飯三次，雖然獄方供應的東西簡直稱不上食物。「早餐」是用穀物沖泡的仿咖啡或「花草茶」，有些人寧願拿這種茶水來洗身子也不願喝下肚。午餐是令人難以下嚥的馬鈴薯、麵粉與蕪菁湯——幸運的話，從桶底撈出來的湯水可能會有不夠塞牙縫的肉屑。晚餐是少許黑麵包與劣質香腸，或許還有一丁點果醬或乳酪。獄方不提供飲用水，領餐時不幸排在隊伍末端的人往往什麼也拿不到。因為物資稀缺，就連這等食物都是集中營黑市的搶手貨，能用來交換衣物和其他物品。1942 年起，集中營開放收受一些食物包裹，即使納粹親衛隊會先沒收他們看中的東西，剩餘部分仍是名符其實的救命物資。猶太人與蘇維埃戰犯除外，他們還是禁收食物包裹。

別忘了，許多囚犯都被迫從事苦力勞動。集中營伙食幾乎不含蛋白質、維他命或脂肪，卡路里含量最多也只有所需的一半。這些配糧經過刻意計算，只滿足維生的最低需求：管理集中營的親衛隊軍官並不預期囚犯能在這種狀態下撐過 3 個月——要是有人活得更久，會被懷疑是偷竊食物。營養不良再加上經常腹瀉，會引發壞血病等多種疾病，最終導致體內器官衰竭。

有研究顯示，集中營生還者營養不足的經歷，對他們的後續人生仍有重大影響，導致骨質疏鬆與癌症更為好發，也比較容易出現各種飲食障礙。

菜單

「咖啡」或「茶」

「湯」

黑麵包

「香腸」

乳瑪琳

「果醬」

皇家餐酒小館的戰時菜單

1940-45 年

第二次世界大戰期間，第一批美國部隊抵達英國，如今貴為女王的伊莉莎白公主在本土輔助部隊服役，愛國戰爭片《盡忠職守》（In Which We Serve）舉行首映，倫敦西區的皇家餐酒小館（Café Royal）則維持著他們聞名於世的高檔服務，但菜色也逃不出限量配給制的手掌心。

當時英國糧食部有令，食客上餐廳只能點三道菜，而且限點一道打了星號的菜餚，即使是高雅講究的皇家餐酒小館也不能例外。菜單上端列出的聲明有如公文般公正直白，擺在防毒面具旁邊大概也不顯得格格不入。

這整份套餐菜單都反映出英國在戰時的食物短缺和管制。食客唯一吃得到的肉品是牛雜、小牛頭與肉糜卷（Galantine）——把非特定部位的白肉壓製成泥，裹在肉凍裡上桌。也有「拿坡里肉片」這道菜，但究竟是取自什麼動物的肉，就由食客自行想像了，絕不保證是從前常用的小牛肉。就連禽肉和魚肉都是採用最經濟實惠的沙鮻和火雞。

皇家餐酒小館曾是王爾德與諾爾·寇威（Noël Coward）這些名流出入的場所，即使必須撙節，仍力求些許格調。「醃燻魚土司」（Kippers sur toast）就證明了不論是什麼東西，用法文寫出來都比較好吃，「時尚牛雜」（Tripe à la mode）聽起來也比燉牛雜可口多了。不過輪到布丁上場時，這份菜單就捨棄了時髦法國

特別聲明

因應糧食部規定，本店每套餐點不得供應超過三道菜，每人每餐僅限一道註有「*」號的主菜與一道小菜，或僅限兩道小菜。

主餐套餐
僅限三菜

午餐 5/-*19

主廚小菜
或
義式雜菜湯或鄉村濃湯

炸沙鮻排佐塔塔醬
或
野味派
或
時尚牛雜
或
肉糜卷佐俄式沙拉

乳脂鬆糕
或
大黃卡士達或冰淇淋

晚餐 6/6

主廚小菜
或
義式雜菜湯或包心菜濃湯
或小蘆筍佐油醋醬

奶油蘑菇龍利魚排
或
拿坡里肉片
或火雞米湯佐特級醬汁
或肉糜卷佐俄式沙拉

水果慕斯冰
或
皇家大黃鮮奶油或香草冰淇淋
或
醃燻魚土司

本日例菜
可即時上桌

日間供應		**夜間供應**	
鄉村濃湯	1/6	包心菜濃湯	1/6
* 炸沙鮻排佐塔塔醬	3/6	小蘆筍佐油醋醬	3/6
* 時尚牛雜	3/3	* 奶油蘑菇龍利魚排	4/-
* 肉糜卷佐俄式沙拉	3/6	* 拿坡里肉片	4/-
* 乳脂鬆糕	2/-	* 或 火雞米湯佐特級醬汁	5/6
大黃卡士達	1/6	* 肉糜捲佐俄式沙拉	3/6
冰淇淋	1/6	* 水果慕斯冰	1/9
		* 皇家大黃鮮奶油	1/9
		* 醃燻魚土司	2/-

* 野味派 5/-

* 雞肉可麗餅 3/6

* 雞肉片佐蝦夷蔥馬鈴薯 3/6

* 小牛頭佐油醋醬 3/9

* 乳脂鬆糕 2/-

風，改以英文列出慰藉人心的家鄉味——大黃卡士達（Rhubarb and custard）與乳脂鬆糕（Trifle）。

奇怪的是，「醃燻魚土司」竟然列於甜點項目。或許戰時配給制代表即使是皇家餐酒小館的客人，付出了 6 先令 6 便士的餐費，餐點若有任何真材實料都該心存感激了——那相當於今天的區區 15 英鎊。

然而，並非所有的倫敦飯店都推出符合時代氛圍的菜單。根據《每日電訊報》（*Daily Telegraph*）的報導，1941 年 1 月，有 60 名婦女走進薩伏依酒店，手舉著標語「政府下令縮衣節食，顯貴依然吃香喝辣」，以及「富裕階級必須服從配給制」。後來這些女性在酒店員工陪同下被請出大門。

柳橙奶凍、大黃薑糖果泥佐薑餅

4 人份

柳橙奶凍

1 又 1/2 大匙柳橙皮屑

75 毫升柳橙汁

1 又 1/2 大匙細砂糖

1 個蛋白

250 毫升打發用鮮奶油

大黃薑糖果泥

300 公克粉紅大黃，切成 1 公分見方小丁

2 塊薑糖蜜餞，切小丁

2 大匙薑糖蜜餞的糖漿

70 公克細砂糖

1 個柳橙的橙皮屑

100 毫升水

薑餅

110 公克自發麵粉

1 又 1/2 小匙薑粉

1 小匙小蘇打粉

40 公克細砂糖

50 公克無鹽奶油，置於室溫下軟化

2 大匙金黃糖漿

先製作大黃薑糖果泥。把大黃丁以外的所有材料放進深平底鍋中，加熱至沸騰後續煮 2 分鐘，再加入大黃丁。以小火續煮 3 到 4 分鐘後熄火。大黃要煮到略熟且仍保有口感的程度。在等待果泥冷卻的同時製作奶凍。

首先把橙皮、橙汁與細砂糖置於碗中，攪拌到糖完全溶解。

取攪拌碗把蛋白打到中性發泡，暫置一旁備用。

另取一碗，把鮮奶油攪打到開始變稠時，淋入柳橙糖漿，再繼續攪打，直到鮮奶油開始轉為乾性發泡的硬度。把打發蛋白加入鮮奶油中，輕柔且仔細地翻拌均勻。把橙汁鮮奶油蛋白舀到（或用擠花器擠進）玻璃杯中，進冰箱靜置 2 到 3 小時。

現在開始製作薑餅。烤箱預熱至攝氏 200 度，或旋風烤箱至 180 度、瓦斯烤箱至第四級。在烤盤上鋪烘焙紙。

把砂糖以外的所有乾性材料篩進大攪拌碗中，再加入砂糖與奶油，搓揉至混合物呈小碎塊狀。

加入金黃糖漿，攪拌至觸感堅實的麵團成形。

把麵團分切並揉成 12 到 16 個小球，放到鋪了烘焙紙的烤盤上，略微壓扁，每塊麵團之間要保留足夠距離（手略微打濕會比較容易操作麵團）。

進烤箱烤 10 到 15 分鐘，餅乾麵團軟化攤平且表面開始裂開，即可出爐。靜置冷卻。

略微濾除大黃果泥的汁液，再舀進柳橙奶凍杯裡，與薑餅一起享用。

南北韓高峰會

2018 年

美食外交（Gastrodiplomacy）在今日炙手可熱，正如同希拉蕊·柯林頓說過的：「食物是最古老的外交工具。」世界上甚至還有一個「御廚俱樂部」（Le Club des Chefs des Chefs），成員全是各國元首的現任個人廚師，組織的宗旨是：「如果政治造成分化，一桌好菜永遠能把人凝聚起來」。

廚藝治國所端出的菜色有時很引人入勝。2012 年，美國總統巴拉克·歐巴馬（Barack Obama）為來訪的時任英國首相大衛·卡麥隆（David Cameron）舉行國宴，席間出現了威靈頓野牛肉（Bison Wellington）這道主菜。用白宮的話來說，這是「兩國的偉大結合」。

至於 2018 年歷史性的南北韓高峰會，在方方面面都刻意注入象徵意義：從官員圍坐的圓桌（直徑 2,018 公釐），到韓式方餃包的餡料（黃姑魚和海參，產自前南韓總統金大中的故鄉可居島），無一例外。

菜單

黃姑魚海參餃

米飯

炭烤牛肉

涼拌章魚沙拉

韓式拌飯

烤魴魚

蒸紅鯛與蒸鯰魚

瑞士薯餅

朝鮮冷麵

芒果慕斯

松茸茶

以下是這些食材獲本次峰會選用的原因：

- 米：以環保農法栽培的鴨間稻，產地是烽下村，也就是前南韓總統盧武鉉的出生地（他主持了 2007 年的上一屆南北韓峰會）。

- 牛肉：產自南韓中部的忠清南道瑞山牧場。在 1998 年的一次和平任務中，現代集團創辦人鄭周永率領一隊卡車，載運了 1,001 頭「統一牛」從此地出發、前往北韓。

- 章魚：自南韓統營市外海捕獲，該市是德籍作曲家尹伊桑的故鄉，在北韓出生的他也是統一倡議人士。

- 韓式拌飯：使用盧武炫故鄉烽下村產的的稻米、野菜和香草烹調而成。2018 年，美國川普總統之女伊凡卡（Ivanka Trump）參訪南韓時也享用了這道菜，象徵和平共處。

- 魴魚：這是釜山常見的魚肉料理，南韓總統文在寅兒時在這裡住過。

- 紅鯛魚和鯰魚：紅鯛魚是兩韓都產的淡水魚 [20]，鯰魚則是兩韓節慶時都會吃的魚，代表雙方的近似之處。

- 瑞士薯餅（Rösti）：顧名思義源於瑞士，北韓最高領導人金正恩曾在該國留學。

- 朝鮮冷麵：由一家平壤餐廳供應，是文在寅提議的菜色。

- 芒果慕斯：命名為「民族之春」，以印著韓國統一地圖的巧克力片裝飾。這道慕斯罩在一枚圓頂巧克力硬殼裡，與會者要把殼敲開才吃得到（象徵升溫的關係破除障礙）。

- 松茸茶：松茸採自從北韓綿延至南韓的白頭山脈，代表統一。

- 席間佐餐的飲料是杜鵑花瓣與糯米釀造的杜鵑酒，以及有野梨香氣的烈酒文培酒（但釀造時並未使用梨子）。文培酒雖然源於北韓，在南韓也是官方指定的編號 86-1 重要無形文化遺產。

不過，與其他經略之道相較，美食治國的困難程度也不遑多讓。日本外交官一看到芒果慕斯上的兩韓地圖，立刻表示抗議並要求移除，因為那幅地圖納入了獨島（日文稱為竹島），是日本與南韓的爭議領土。想使人人皆大歡喜真是不可能的任務。

북韓領導人金正恩（左）與南韓總統文在寅（右）攜手敲開甜點「民族之春」。

第七章

遠古與古典時代

與冰人奧茨在旅途中共享一餐，
和尼安德塔人分食一片犀牛肉，
或是來一份銘刻在石板上的古埃及套餐。
接下來，我們在戳破邁達斯王點石成金的神話後重返古羅馬，
一邊用眼睛品味鑲嵌地板上的菜單，
一邊享用紅鶴的舌頭。

尼安德塔人的菜單

西元前 46,000 — 30,000 年

我們都知道尼安德塔人住在洞穴裡，手握大棒到處跑，以猛獁象果腹。漫畫都是這麼畫的嘛。為插畫家說句公道話，直到近年為止，他們的描繪大致都與實證相符。過去在尼安德塔人居住的洞穴裡發現的骨頭（有馴鹿、犀牛等等，當然也有猛獁象），顯示他們完全只吃肉食。有些史前學者甚至曾認為，尼安德塔人絕種而現代人類存活的原因，是現代人類學會了食用蔬菜。

不過，近年的研究揭露，尼安德塔人的飲食比我們以為的豐富很多。

澳洲阿德萊德大學（University of Adelaide）的羅拉‧魏里奇（Laura Weyrich）博士主持了一項研究，分析尼安德塔人遺骸上的牙菌斑；這些遺骸來自比利時的史派山洞（Spy Cave）和西班牙的西德隆山洞（El Sidrón）。她在 2017 年發表的論文指出，每塊牙菌斑採樣都含有牙齒咀嚼過的食物所遺留的 DNA 證據。近來也有針對尼安德塔人糞便所做的研究，不過本書以菜單為主題，只好謝絕討論這個部分。

菜單
長毛犀牛
野綿羊
蕈菇
松子
椰棗
豌豆
豆類
大麥粥
睡蓮蓮藕
樹皮
苔蘚

　　住在比利時山洞裡的尼安德塔人以肉食為主（猛獁象和野綿羊），西班牙那一群則幾乎完全吃素——蕈菇、松子、樹皮和苔蘚。來自伊拉克的牙菌斑標本也發現有豆類、豌豆與椰棗的痕跡。如此看來，尼安德塔人如果住在寒冷開闊的歐洲北部平原，會以狩獵為生，住在溫暖的南歐森林裡，則進行採集。不過，在我們為這些吃素的表親過於傾倒之前，應該謹記在心：這項研究也發現，來自西德隆洞穴的牙菌斑顯示他們有食人的跡象。

　　根據谷歌統計，2014 年最熱門的飲食類搜尋詞彙是「原始人飲食法」（Paleo diet）。這種飲食法限吃尼安德塔人會吃的東西，也就是不能攝取穀類等加工處理過的食物。然而，有鑑於尼安德塔人的牙菌斑也出現了澱粉痕跡，原始人飲食法的追隨者恐怕得重新思考他們的準則了。我們透過這些澱粉首次發現，尼安德塔人可能學會了烹煮某些食物（睡蓮蓮藕和大麥），以盡可能提升其營養價值。

　　尼安德塔人不只有飲食比我們所想的更為精緻。魏里奇分析一名尼安德塔年輕男性的牙菌斑，發現他為腸胃病毒所苦，不過DNA 證據也顯示他為了治療症狀正在服藥。他的牙菌斑含有青黴菌，也就是製造抗生素盤尼西林的原料。除此之外，他的牙菌斑也含有楊樹皮，一種水楊酸的天然來源，是類似阿斯匹靈的止痛劑。

冰人奧茨在銅石時代的菜單

西元前 3282 年

這份菜單聽起來可能像是倫敦肖迪奇區 [*21]（Shoreditch）某家快閃餐廳會推出的東西，只不過，奧茨可是在 5,300 年前、奧義邊界的冰河上吃了這頓飯。奧茨生活的銅石時代上承石器時代，在人類歷史上，他所屬的社會首次把金屬轉化為有用且美觀的物品，接下來就是技術又更進步的青銅時代。不過銅器時代很少為人稱道。

義大利波爾察諾（Bolzano）歐洲研究學院木乃伊研究中心（Eurac Research Institute for Mummy Studies）的科學家，針對奧茨木乃伊化遺骸的腸胃內容物做了分析，並根據結果列出這份菜單。驚人之處在於，如果有人要在阿爾卑斯山區寒冷嚴峻的環境中徒步旅行，這些食物再理想不過。

脂肪大約占了這份菜單的 50%——比現代健康飲食建議的標準高出很多。不過奧茨生活在極端低溫的環境中，這表示他必須快速攝取巨量卡路里，而脂肪是絕佳選項。在遠征南極點的途中，史考特隊長可是付出了高昂代價才明白這件事。

奧茨胃裡的鹿肉和羱羊肉是生的，不過學者在他的消化道末

菜單

燻紅鹿

羱羊肉乾

1 粒小麥

生蕈菇

蕨類

端發現木炭的痕跡，顯示這些肉可能為了儲存而在炭火上煙燻過。雖然有部分可能是鮮肉，不可否認燻肉是長途跋涉時的理想選擇。直到今天，徒步旅行者仍然會靠這種方式保存食物。

　　奧茨吃的 1 粒小麥（Einkorn）是一種野生小麥，現代消費者也能在健康食品店買到它，或是已被人類馴化的其他類似穀物。雖然我們無從得知這種穀物的食用方式，不過歐洲研究學院的團隊認為，奧茨的最後一餐「維持健康所需的必需礦物質含量很均衡」。

　　這份菜單還有蕨類與蕈菇這兩種比較不尋常的食材。雖然生的蕨類對人類來說有毒，也不是家畜的理想飼料，民俗醫療仍將它用於治療某些腸胃疾病，蕈菇也有類似用途。針對奧茨腸胃的份析顯示他一生都為腸道問題所苦，所以他可能一直都在自我藥療。然而，他之所以會吃下蕨類，或許單純是因為那年頭並沒有「塑膠時代」（1907 年至今）才發明的密封保鮮盒，蕨類是最方便取得的隨身糧食包裝材料。

波爾察諾考古博物館一座代表奧茨的人像，根據荷蘭雕塑專家阿豐斯與阿德利‧肯尼斯兄弟檔依照奧茨遺骸創造的立體影像製作而成。

門圖沃瑟的墓碑：一名古埃及人的冥餐

西元前 1944 年

光是週日上自家附近的酒吧吃午餐，要從菜單裡做選擇已經夠難了，如果我們得為獲得永生後的伙食做打算，這個決策過程會有多令人頭大就更難以想像了。在古埃及，這是達官貴人要面對的挑戰。

埃及上層階級的日常飲食主要有啤酒、麵包（希臘歷史學家希羅多德在《歷史》一書中提過埃及的路克索〔Luxor〕有哪些老麵麵包）、肉類或次一等的

門圖沃瑟的石灰岩墓碑，時代約在西元前 1944 年，目前在紐約大都會藝術博物館展示。

菜單

肉

麵包

洋蔥

瓜果

蜂蜜

啤酒

葡萄酒

魚肉，不過祭司禁食海鮮。埃及人在為死後生活做準備時，相信任何東西只要刻到石頭上就會在冥界成真。因此，許多刻畫永恆宴席的藝術品都會出現堆滿食物的餐桌，有些墓穴的牆面也以麵包和蛋糕的食譜作為裝飾，或描繪出打獵與備餐的場面。

有個很好的例子是在西元前 1944 年左右、為門圖沃瑟（Mentuwoser）所做的一塊石灰岩墓碑（Stela），他是一名管事，負責照看法老王森烏塞特一世（Senwosret I）的牲口。這塊墓碑現在展示於紐約大都會藝術博物館，上面刻畫著門圖沃瑟坐在餐桌前，手握餐巾，正要挑選他的食物。他的選擇有小牛頭與小牛腿、大大小小的麵包，洋蔥和瓜果，搭配的飲料是他父親奉上的啤酒。這塊墓碑上也有象徵重生的蓮花，一種有甜香但不能食用的裝飾，不過能為葡萄酒增添韻味。

有食物的圖像確實很好，不過埃及人為求多一重擔保，也為逝世的親人把真正的食物做成木乃伊，方法與他們製作人體木乃伊差不多。法老王圖坦卡門的墳墓裡就有幾十箱木乃伊化的美食，包括各個部位的肉品，以及多罐蜂蜜和仔細標示了產地葡萄園的美酒。盛裝食物的木箱有各式各樣，都雕刻成與內容物相符的形狀，例如鵝型的木箱就用來裝鵝肉。

為了這段生命中最漫長的旅程，他們準備了許多豐盛的大菜，此外也沒忘了零食點心。2018 年，考古學家在孟菲斯

（Memphis）薩卡拉墓園（Saqqara necropolis）探勘高級官員塔米斯（Ptahmes）的墳墓，起出史上發現過最古老的乳酪，大約有 3,200 年歷史。這塊乳酪以牛奶混合綿羊或山羊奶製成，雖然沒有人願意試吃，專家推測它的質地應該很易於塗抹，而且味道偏酸。

邁達斯王的葬禮

西元前 700 年

1957 年，賓州大學（University of Pennsylvania）考古學家首次進入邁達斯王的墳墓時，迎面襲來的是一股腐敗油脂的惡臭。在超過 2,500 年前，送葬者一起吃了為國王舉行的喪宴，不過沒有人清潔善後。

這座墳墓是在現今土耳其境內的格爾底昂（Gordion）發現的，據信是全世界現存最古老的木造建築。在距地表墳塚 40 公尺深的地

弗里吉安谷遺址，又稱邁達斯遺址，位於土耳其埃斯基謝希爾省。

底下，墳墓的內容物驚人地保存完好，包括國王本人的遺體在內。

在 1950 年代，學者還沒有分析酒器與碗中內容物的技術，無從得知古人在喪宴上吃過什麼。然而，這些器皿的材質是青銅而非黃金，這至少戳破了邁達斯王能點石成金的神話。不過在 1999 年出現了一位派翠克・麥葛文（Patrick McGovern）博士，他任職於賓州大學博物館，職銜是不同凡響的烹飪、發酵飲料與健康生物分子考古學計畫（Biomolecular Archaeology Project for Cuisine, Fermented Beverages, and Health）科學總監。他採用紅外線光譜法、氣相層析法與質譜測定法等等現代科技，揭開了殘羹剩飯所隱藏的祕密。

在那些碗裡發現的脂肪酸和膽固醇顯示，送葬者吃的肉是山羊或羔羊，其他化學物質則暗示這些肉在加入燉鍋前先經過燒烤去骨處理。也有證據顯示這一餐富含蛋白質，或許是來自扁豆，除此之外，大茴香酸也顯示這鍋燉菜以八角或茴香調味，還加了橄欖油。

　　麥葛文博士在酒器裡發現了酒石酸，只有葡萄會自然生成這種物質。此外也有草酸鈣，這是釀造大麥啤酒時的產物，蜂蠟則顯示他們釀酒也用了蜂蜜酒。古希臘人拿這些材料來調配他們稱為「凱吉雍」（Kykeon）的飲料，不過根據詩人荷馬的描述，乳酪也可能是製作材料之一。凱吉雍可以是一種相當「軟性」的飲料，但大麥如果在釀酒前先培養出麥角菌，得到的就是另一種強勁很多的飲品了。這種比較烈的凱吉雍是祭拜狄美特女神的重要用品——她有很多身分，其中之一是主掌穀物與收成。

　　為了重現邁達斯王的喪宴，麥葛文向各路小型啤酒廠下戰帖，看誰能復刻這種上古啤酒。最後出線的是美國德拉瓦密爾頓（Milton, Delaware）角鯊頭啤酒廠（Dogfish Head Brewery）的山姆‧卡拉喬尼（Sam Calagione），他以「點石成金」（Midas Touch）這款啤酒獲勝。原始的凱吉雍帶苦味，應該是來自番紅花（世界上最貴的香料）而不是啤酒花，因為啤酒花直到大約 700 年才引進歐洲。不過這無礙於角鯊頭奪得金牌，他們用現代手法重新詮釋了一帖遠古的釀酒配方。任何人想親手重現一場古希臘弗里吉安風格的葬禮，現在都還能在網路上找到這個配方。

扁豆茴香慢燉小羊肉佐格雷莫拉塔醬

6 人份

1 塊帶骨小羊肩

5 小匙植物油

2 個白洋蔥，去皮切絲

4 瓣大蒜，去皮切碎

2 顆茴香球莖，切絲

360 公克褐色扁豆（乾物重），
沖洗乾淨

2 枚八角

2 片月桂葉

250 毫升白酒

500 毫升雞高湯或小羊肉高湯

鹽與胡椒

格雷莫拉塔醬

75 公克平葉歐芹，切碎

2 瓣大蒜，切碎

2 顆檸檬的皮屑

100 毫升橄欖油

100 公克烤香的榛果

烤箱預熱至攝氏 150 度，或旋風烤箱至 130 度、瓦斯烤箱第二級。用鹽與胡椒給小羊肩的每一面均勻調味。取一枚鍋蓋可密合的厚底燉鍋，大火熱鍋後加入植物油，放入調味過的小羊肩，每面煎 5 到 6 分鐘，使表皮呈金黃色且每一面都徹底上色。

取出小羊肩，用廚房紙巾把鍋子擦乾淨。在鍋子裡重新加入少許植物油，爐頭轉中火並加入洋蔥絲，加蓋悶煮 10 分鐘，偶爾開蓋攪拌一下，直到洋蔥軟化且略微上色，即加入大蒜、茴香絲、月桂葉、八角和洗淨的扁豆。

把小羊肩放回鍋中，加入高湯與白酒，加熱至沸騰。用鹽與胡椒調味。湯汁沸騰後即熄火加蓋，也可以用鋁箔紙封住鍋口。

把鍋子移入預熱好的烤箱，烤 4 小時。每隔 1 小時查看一下，如果扁豆煮乾了，可添加少許湯汁。

製作格雷莫拉塔醬：把歐芹、大蒜與榛果混合切成細末，加入一大撮鹽。把切好的食材移到碗裡，加入檸檬皮屑與橄欖油，用鹽調味即可，暫置一旁備用。

小羊肉慢烤 4 小時後，把烤箱溫度調為攝氏 200 度，或旋風烤箱 180 度、瓦斯烤箱第四級。打開鍋蓋（如果湯汁收乾了，可以添一點高湯），讓小羊肉在升溫的烤箱裡續烤 30 分鐘，把羊皮烤脆再移出烤箱，淋上格雷莫拉塔醬。佐生菜沙拉與脆麵包享用。

維特里烏斯皇帝的敏耐娃之盾

69 年

古羅馬人似乎很以日常飲食為恥。即使他們創作出大量文學作品，卻沒有任何關於他們典型一餐的完整描述。當他們真的為食物或農耕下筆為文，通常會以道歉開場，因為他們竟然拿這種瑣事浪費讀者的寶貴時間。羅馬作家或許不把日常餐點放在眼裡，不過他們難得記錄下來的部分，即使只是為了諷刺食客，仍是史上少有的驚世饗宴。

傳說維特里烏斯（Vitellius）在西元 69 年成為羅馬皇帝時，他的弟弟為了慶祝他進入羅馬城，舉辦了一場動用 2,000 尾魚和 8,000 隻禽鳥的盛宴。維特里烏斯掌權後，花了很多時間拜訪心懷疑懼的元老，而這些元老得端出豐盛華麗的菜色款待他。等他與某位元老餐敘完畢，就會轉移陣地去找下一位。在這些餐會之間，如果途經擺有祭品的神龕，或甚至是鄉下客棧的儲藏室，他都難以抗拒一嚐為快的誘惑——即使他捏起的食物已經在陽光下曝曬了好幾天。據說他能有這種永不饜足的胃口，都是羽毛的功勞。每次他在狼吞虎嚥之後，會拿一根羽毛搔喉嚨催吐，然後就能開始享用下一頓大餐了。這或許解釋了為何有些文獻記載他是「老饕維特里烏斯」。

羅馬皇帝維特里烏斯

不過在他縱情享受過的饕餮盛宴裡，最教人嘆為觀止的還是他自己策畫的一餐。他選用了許多令人難以想像的食材，盛裝在一個巨大的盤子裡，大到維特里烏斯根據智慧與戰爭女神把它命名為「敏耐娃之盾」。盤中的舌頭、魚子、肝和腦是分別做成不同菜餚，或是混合煮成一大鍋，

菜單

狗魚肝

雉雞腦

孔雀腦

紅鶴舌

八目鰻魚子

我們並不清楚。同樣令人不解的是竟然有人會視這些食材為珍饈。不過，美味或許不是這道菜的重點，重要的是觀其菜、見其人。

這些食材必須動用三層槳戰船從文明世界的另一端載運到羅馬，最後在盤中集結起來，具體而微地代表了維特里烏斯的帝國。而且他只從每種動物身上選取最細小的部位，例如紅鶴的舌頭、鳥的腦子。如同某位堅持只吃藍色 M&M 巧克力的搖滾明星，這道菜的罕見、荒謬與鋪張浪費才是重點。這不是為了補充體力，而是為了炫示權力。

維特里烏斯只當了 8 個月的皇帝，不過我們在今天還是可以一睹類似的行徑，只要在國際大城的金融區隨便挑一家高級餐廳，看看那些競逐紅利的銀行業者如何專點菜單最下方的高價葡萄酒——這麼做不為別的，就只因為他們點得起。

自助晚餐之家

西元三世紀初，安提阿郊區的達夫尼

古羅馬人為我們帶來一些奇特的菜單，例如維特里烏斯皇帝的敏耐娃之盾，以及佩托尼奧（Gaius Petronius Arbiter）的小說《愛情神話》（*The Satyricon*）裡，特立馬喬（Trimalchio）舉辦的狂歡晚宴——這是一場有12道菜的巨型盛宴，橄欖以青銅驢子雕像盛載，野豬全豬的肚子裡塞著一群活生生的鶇鳥，還有戴著頭盔的水煮小牛。然而，不是所有最上乘的菜單都是以文字記載。

當時有許多鑲嵌地板呈現出靈感來自酒神的狂飲畫面，此外也有一些引人入勝的「菜單」，例如在「自助晚餐之家」（House of the Buffet Supper）遺址就有一片保存完好的半圓形鑲嵌地板，現存於土耳其安塔克雅（Antakya，即安提阿）的哈太考古博物館（Hatay Archaeological Museum）。順著這片鑲嵌地板走一圈，映入眼簾的是一份內容永恆固定且相當奢華的菜單，前菜有水煮蛋、朝鮮薊和豬腿，接下來的主菜是魚肉、火腿和雞肉，甜點是某種蛋糕，全「盛放」在銀盤子上，圍繞在這些食物周圍的是麵包和酒壺。

當然了，這未必表示當時的人每晚都吃得到這些東西。布萊恩・萬辛克（Brian Wansink）、阿努帕瑪・木孔德（Anupama

Mukund）和安德魯・維斯洛吉（Andrew Weislogel）在 2016 年發表論文〈食物藝術並未反映現實〉（*Food Art Does Not Reflect Reality*），在文中指出，關於餐點的藝術作品偏向呈現天生美觀的食物，除此之外，為了彰顯作品買主的文化與政治偏好，也會以相關的食物為描繪重點。這群學者也在附註中舉例說明，過去幾百年來，在描繪《最後的晚餐》的繪畫作品裡，食物的份量與盤子的尺寸就大幅成長。

所以說，這些藝術品是為了自我表揚、凸顯屋主的崇高地位，這個概念從自助晚餐之家其他的鑲嵌畫絕對能得到佐證，例如我們可以看到為希臘諸神侍酒的甘尼米德（Ganymede），藝術家也特意在一個斟滿的酒碗周圍安排了一群鳥。

描繪古羅馬食物的鑲嵌地板還有別的例子，其中一件來自龐貝城知名的「農牧神之家」（House of the Faun）遺址，可以看到各式各樣的魚類、龍蝦和烏賊。這是一種亞里斯多德式的隱喻，讓人覺得屋主過著文雅的亞歷山大式生活風格。哈德良皇帝在他位於提弗利（Tivoli）的別墅裡，有一片以錯視手法創作的「沒掃的地板」，幽默地呈現一場宴席的殘羹剩飯，例如蟹螯、果核、魚骨、堅果殼和蝸牛殼。

龐貝城農牧神之家遺址的鑲嵌地板。上圖：「沒掃的地板」鑲嵌畫，是羅馬人仿作著名希臘鑲嵌工匠別迦摩的《索蘇斯》。

第八章

藝術與文學

狄更斯無疑在戴爾莫尼克餐廳獲得盛情款待，
不過本章其他的菜單恐怕就只存在於書頁之間了，
包括一場詩意盎然的美洲原住民喜宴，
維多利亞時代新手主婦的備餐詳解，
河鼠張羅的野餐，以及一些惹人嫌的綠蛋。
最後，
我們以一位法國英雄為他的羅馬領主呈上的一道菜作為結尾。

海爾瓦沙的喜宴

1855 年

> 首先他們吃了納哈瑪,就是鱒魚,
> 接著是馬肯諾札,就是狗魚,
> 捕魚和煮魚的是老諾可米斯;
> 接著他們享用了乾肉餅,
> 乾肉餅和水牛骨髓,
> 鹿臀和野牛峰,
> 莫達明的黃蛋糕,
> 還有河邊的野米。

亨利,華茲華斯‧朗費羅(Henry Wadsworth Longfellow)的《哈爾瓦沙之歌》(*The Song of Hiawatha*, 1855)是一部以抑揚格四音步寫成的史詩。根據內容所述,詩作同名主角的喜宴十份精彩熱鬧。餘興節目有英俊的耶納狄茲(Yenadizze)、也就是帕普奇威(Pau-Puk-Keewis)的舞蹈表演,還有溫柔的奇碧阿珀(Chibiabos)獻唱,吹牛大王伊阿果(Iagoo)講故事。賓客穿戴著他們最好的毛皮、有珠飾流蘇的貝殼串珠腰帶,餐具是磨光的白椴木碗和野牛角做的黑湯匙。準備食物的人是海爾瓦沙的祖母諾可米斯。

看在現代人眼裡,菜單的前半部還算熟悉,後半段可能就比較陌生了。

這首詩的靈感源於美洲原住民的傳說和語言,不過朗費羅疏忽了一個常見的元素:原住民新人在婚禮上交換的是食物(通常是肉和玉米),而不是戒指。這首詩還有很多他的個人發想,不

過他對宴席的描述算是相當正確，尤其考量到美洲原住民散居在環境差異極大的遼闊土地上，又有超過五百個部族。

長久以來，水牛骨髓都是美洲原住民的傳統菜餚，口感濃郁而飽含油脂（處理過程是有點大費周章），不過對健康有很多益處，尤其是能補血，通常放在脆麵包上或做成湯品食用。我們也會在現代的菜單上看到它被稱為「草原奶油」（Prairie Butter）。野牛峰也廣受原住民歡迎，所以來自歐洲的墾荒者刻意屠殺野牛，以迫使原住民餓到投降──「每死一頭水牛，就少一個印第安人」是當時一句刺耳的順口溜。野牛峰有很多肌肉，畢竟這樣才能控制牠們那個大頭的動作，所以低溫長時間燉煮是美味的要訣。

野米是生長在淺湖與小溪裡的穀物類主食，因為有益健康，在二十一世紀重又熱門起來。美洲原住民廣為食用野米，並且視之為神聖的食物。他們會把獨木舟駛進米叢中，用叫做「棒槌」（Knocker）的木條輕刮穗頭，使米粒脫落到獨木舟裡。得到的野米會拿來或燉、或蒸，也會當成餡料使用。

至於神祕的「莫達明的黃蛋糕」是什麼東西？用心的讀者會知道，海爾瓦沙在之前的情節裡曾經與玉米靈莫達明（Mondamin）摔跤獲勝，所以這應該是玉米糕。

二十世紀初，獅子山裔的英籍作曲家山繆‧柯爾瑞基－泰勒（Samuel Coleridge-Taylor）根據這部詩作寫了一組清唱劇，第一部分就叫做〈海爾瓦沙的喜宴〉（Hiawatha's Wedding Feast），讓這場宴會以一番新面貌重生。這組清唱劇在二十世紀上半葉紅透半邊天，演出次數之多不輸韓德爾的《彌賽亞》，但後來在古典歌唱界幾近銷聲匿跡，近年才又聲勢抬頭，重獲觀眾的喜愛。

比頓夫人的 18 人份晚餐

1861 年

英國的城市人口在 1850 年首次超越鄉村人口，工業革命催生了新的都會圈以及主導這些地區的新興中產階級。有錢的都市人想款待同交際圈的親友，又想與鄰居一較長短、展現自己的成就，最好的方法就是請人來家裡作客。不過這些人家的年輕太太向來被鼓勵學習法文、鋼琴與舞蹈，以求嫁個理想丈夫，未必具備母親的持家技能。烹飪備餐於她們的鄉下親戚是稀鬆平常之事，然而她們從小到大缺乏這種歷練，需要一些提點才行。

於是比頓夫人上場了。伊莎貝拉・比頓（Isabella Beeton）是記者而非廚師，她從未原創任何食譜，而是偏好不註明出處地借用其他作家的心血。她的先生山繆・比頓（Samuel Beeton）是《英格蘭女性居家誌》（*The Englishwoman's Domestic Magazine*）的出版商，在婚後不久商請妻子為這份月刊撰寫家務指南。於是伊莎貝拉在年方二十出頭時，為月刊寫了 24 期的副刊，並且在 1861 年集結成《家務管理書》（*The Book of Household Management*）出版，內容從水煮火腿到雇用園丁之道，無所不包，也立即成為暢銷書。這本書後來更名為《比頓夫人家務管理書》（*Mrs Beeton's Book of Household Management*），歷經數十次改版，至今仍在印行。

透過這份冬季菜單，我們得以一窺當時的餐飲新趨勢。英國傳統上使用「法式」上菜法（à la française）*22，所有菜餚同時上桌。不過在十九世紀初，俄國駐巴黎大使亞歷山大・庫拉金（Alexander

201

Kurakin）帶來了新穎的「俄式」上菜法（à la Russe），菜餚依序分別上桌，後來發展成今天大多數餐廳上菜的方式。不過在十九世紀，俄式上菜法又經過多年才真正引進英國。比頓夫人也跟上新流行，把一餐依序以三種菜式區分，然而舊習難改，法式上菜法的某些作風仍被她保留下來。她混合了甜鹹菜色——把鷸鳥和蘋果米布丁（pommes à condé）視為同一種菜式，甚至指點讀者可以在用餐中途把兩道菜彼此接替。現代的用餐習慣最終把魚肉料理和湯品分開，不過比頓夫人把它們歸為一類同時上桌。

這份菜單也讓我們看到餐點的擺設方式有多麼重要——這或許只是一頓為 18 人準備的郊區家宴，目的仍然是使人折服。比頓夫人指示了花該放在哪裡、菜餚又要怎麼繞著花飾擺放，對用餐禮儀也有極為明確的指示，例如果凍該用叉子吃，絕對不能用湯匙。

這些菜餚本身也讓我們了解到在場食客的很多事。仿烏龜湯就提醒了我們，這是一頓中產階級而非上流社會的晚餐。調理這種次級替代品的食譜有很多，不過萬變不離其宗，全都從水煮小牛頭開始。

馬倫哥燉雞（poulet à la Marengo）也出現在菜單上。這是拿破崙的隨軍廚師杜南（Dunand）即興發想的一道菜，慶祝拿破崙於 1800 年 6 月在馬倫哥打敗奧軍。維多利亞時代的英國女主人，竟然能端出向該國最知名的「敵人」致敬的菜色，可見英法兩國的關係自半島戰爭以來有怎樣改變，也可見維多利亞時代的英國人對自己在世界上的新地位深具信心。

BILLS OF FARE.

JANUARY.
1887. DINNER FOR 18 PERSONS.

First Course.

Mock Turtle Soup,
removed by
Cod's Head and Shoulders.

Stewed Eels.   Vase of Flowers.   Red Mullet.

Clear Oxtail Soup,
removed by
Fried Filleted Soles.

Entrées.

Riz de Veau aux
Tomates.

Ragoût of Lobster.   Vase of Flowers.   Côtelettes de Pore
à la Roverts.

Poulet à la Marengo.

Second Course.

Roast Turkey.

Pigeon Pie.

Boiled Turkey and Celery Sauce. Vase of Flowers. Boiled Ham.

Tongue, garnished.

Saddle of Mutton.

Third Course.

Charlotte à la Parisienne.   Pheasants, removed by Plum-pudding.
Apricot Jam Tartlets.

Jelly.

Cream.   Vase of Flowers.   Cream

Jelly.

Snipes,
removed by
Pommes à la Condé.

菜單

1887 年 1 月　18 人份晚餐

第一道菜

仿烏龜湯，以鱈魚頭和魚頸接替

燉鰻魚、瓶花、秋姑魚

牛尾清湯，以煎龍利魚排接替

主菜

番茄小牛胸腺

燉龍蝦肉醬、瓶花、豬肋排佐芥末醬汁

馬倫哥燉雞

第二道菜

烤土雞

鴿肉派

水煮火雞佐芹菜醬汁、瓶花、水煮火腿

牛舌佐花飾配菜

羊腰脊肉

第三道菜

巴黎夏綠蒂蛋糕雉雞，以葡萄乾布丁接替

杏桃果醬小塔

果凍

鮮奶油、瓶花、奶凍

鷸肉，以蘋果米布丁接替

向狄更斯致敬的記者俱樂部晚宴

1968 年 4 月 18 日，紐約戴爾莫尼克餐廳

曼哈頓十四街上的戴爾莫尼克是餐飲界的傳奇名店，他們是美國第一家有單點菜單和獨立酒單的餐廳，據說也是發明斑乃狄克蛋的先驅。老羅斯福等多位總統都是他們的座上常客，藝文界的馬克吐溫和王爾德也不例外，所以說，當寫出《小氣財神》的名作家在美國結束了辛勞的巡迴朗讀會，眾人想在他離開前特別舉辦一場致敬宴會，戴爾莫尼克就是理想選擇了。

狄更斯於 1842 年首次造訪美國，即使受到再熱情不過的款待，

在美國進行巡迴朗讀會的狄更斯。

他還是對凡事大肆批評，不論是美國的智慧財產法規、民眾的用餐禮儀，或是宣布晚餐開始的習俗：美國人會猛敲「一具恐怖的鑼，巨響在整棟屋子裡迴蕩，每片窗戶都隨之振動，也嚇壞了緊張的外國人」。至於美國食物本身，他則形容是「難以消化的玩意兒」（不過他倒是立刻愛上了雪莉酷伯樂〔Sherry cobbler〕雞尾酒，還讓他筆下的小說人物馬丁・瞿澤威（Martin Chuzzlewit）也嚐了一杯。）

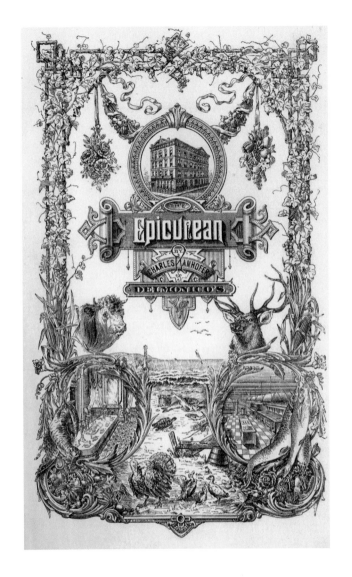

　　食物對狄更斯來說非常重要。他兒時有過嚴重飢餓的經歷，經常在小說中寫到食物帶來的喜悅，例如他在《雙城記》裡提到了薯條，也描寫過皮克威克（Pickwick）先生享受潘趣酒的快樂。狄更斯很幸運，他太太凱瑟琳（Catherine）十分用心鑽研廚藝，曾

在 1851 年出過一本暢銷的食譜與菜單書《晚餐吃什麼好？》（*What Shall We Have For Dinner?*），很快就陸續推出五個新版。書中有充滿想像力的「菜單」（Bill of fare），為最多達 20 人的晚宴提出建議菜色，包括牡蠣咖哩、龍蝦肉餅和柑橘醬甜塔等等。狄更斯這個喜歡以烤乳酪結束一餐的人，用筆名「查爾斯・克斯俊爵士」（Sir Charles Coldstream）為太太的書寫了前言。

狄更斯在首次訪美的 26 年後重返紐約，差點決定不參加那場晚宴，因為當時的他苦於腿和腳的多處不適。最後他還是出席了，結果驚喜地發現食物的品質與眾人的禮儀都大為進步。這是怎麼一回事？

在狄更斯的兩次美國行之間，戴爾莫尼克雇用了新主廚夏爾勒・洪諾菲（Charles Ranhofer）。脾氣火爆、蓄著八字鬍的他，對工作有著令人歎服的嚴謹要求，也是食譜大全《美食之道》（*The Epicurean*, 1894）的作者。這份充滿文學氣息又切合晚宴宗旨的菜單就出自他的手筆——華特・司各特鑲小羊肉，菲尼莫爾・庫柏（Fenimore Cooper）[23] 松雞排——其中包括一道向他自己這等大人物致敬的特製義式米糕，食材可能是甜菜和洋蔥。洪諾菲是讓酪梨在紐約風行起來的功臣，後來他還發想出一道新菜色：「狄更斯小牛肉派」。除了令人讚嘆的食物排場，餐會中更有壯觀的法式甜點裝置藝術（Pièces montées），也就是使用糖、杏仁膏和蛋白酥精心堆疊成的造型蛋糕。

這場晚宴僅限男士，共有 204 人圍坐 8 桌。作家馬修・珀爾（Matthew Pearl）也在小說《最後的狄更斯》（*The Last Dickens*）裡述及這次盛會。當年的女記者如果想參加，必須同意被隔離在簾幕之後用餐，所以她們拒絕出席。

菜單

帶殼生蠔

湯品
塞維涅清湯仲馬蘆筍濃湯

主廚小菜（熱食）
狄更斯義式米糕

魚肉料理
維多利亞鮭魚義式海鱸
納爾遜馬鈴薯

開胃菜
盧庫魯斯牛排煨萵苣佐多蜜醬
華特·司各特鑲小羊肉
女王番茄

主菜
西摩黑雁排
英式豌豆
道格拉斯酥皮小牛胸腺
里昂式朝鮮薊
菠菜濃湯
菲尼莫爾·庫柏松雞排

冷盤主菜
皇家肉糜卷
肥肝凍

中場小菜
美式雪酪

烤肉
鵝肉松露穀飼雞

甜點
巴黎風蜜桃（熱食）
什錦水果莫斯科杏桃
巧克力杏仁奶
多麗雅夏綠蒂蛋糕、橙汁小甜麵包
什錦鮮奶油餅乾
黑櫻桃酒薩瓦蘭蛋糕
拿坡里水果造型冰淇淋
咖啡聖代

法式甜點裝置藝術
文學殿堂
國際博覽館
英國大軍
華盛頓紀念碑
作家獎盃
凱旋柱
星條旗
命運法則

水果、蜜桃梨子果泥
烘焙小點
花飾
甜點

河鼠的野餐

1908 年

肯尼思‧葛拉罕（Kenneth Grahame）在 1908 年出版了小說《柳林風聲》（*The Wind in The Willows*），主角是蟾蜍先生和一群長期擔待他的好友：獾、河鼠和鼴鼠。即使你從未讀過這本書，對於這些角色應該也不陌生。不論是你是透過米恩（A. A. Milne）1929 年的舞台劇《蟾宮的蟾蜍》（Toad of Toad Hall），或其他數十部影視改編作品而認識了他們，你大概知道蟾蜍是個驕傲自滿的傻瓜，熱愛汽車，而河鼠是個好好先生，最喜歡在河邊野餐。

愛德華時代的英國人對野餐很有一套。對當時的都市人來說，出城去鄉間遊賞非常容易，即使不是富人也辦得到。十九世紀末的郊區鐵路愈來愈發達，自行車也很盛行，這表示勞工族群也能出城散心。1898 年，社會改革家奧克塔薇

亞・希爾（Octavia Hill）有感於大城市內的勞工階級缺乏休閒綠地，於是草創了國民信託組織（National Trust），所以現在英格蘭的某些鄉郊野地才會「全民共享，生生不息」（For Ever, For Everyone）。

只不過，要旅行也得吃東西。河鼠和鼴鼠代表愛德華時代的中產階級，對他們來說，旅行不表示食物一定要打折扣。不論你去的是加爾各答或科茲窩丘陵（Cotswolds），有些標準都不得妥協。河鼠的野餐籃裡可沒有倉促湊合的三明治——愛德華時代象徵體面與節制的水芹三明治除外。反之，無論再怎麼不便攜帶，都一定要有各色肉品與沙拉，外加一應俱全的杯盤餐具。而且這頓野餐並不算過分。雖然鼴鼠覺得好像「太多了」，不過河鼠回答：「這只是我每次小遠足都會準備的東西；其他動物還老說我是小氣鬼、只會隨便弄弄！」

葛拉罕的筆法幾近完全擬人化，河鼠的野餐就是絕佳範例。碧雅翠絲・波特（Beatrix Potter）的彼得兔在此 6 年前剛問世，而彼得兔或許身穿外套，還是嚼著紅蘿蔔、活在對麥奎格先生的恐懼裡，因為這個人類就如同在現實中一樣，對兔子來說是龐然大物。河鼠和鼴鼠就沒那麼像哺乳動物了。他們坐著享用的餐點有冷雞肉和冷牛肉，配菜是醃黃瓜和法式小餐包。這是一群愛德華時代的中產階級人物，只不過剛好長了尾巴而已。

書中的第二次野餐由河鼠為「旅人」準備——一隻生於君士坦丁堡的水手老鼠，曾經遊歷薩丁尼亞、威尼斯和希臘諸島——不過這一餐並沒有被納入舞台或影視改編作品，實在可惜，因為葛拉罕寫到這裡，就連食物都加以擬人化了，例如「……一根香腸，裡面的大蒜在唱歌，一些躺著哭叫的乳酪，還有一個埋在稻草裡的長頸瓶，裡面封存著陽光，是從遙遠的南面山坡上採集來的」。

蘇斯博士的火腿加綠蛋

1960 年

1960 年出版的經典童書《火腿加綠蛋》（*Green Eggs and Ham*），是暢銷童書作家蘇斯博士（Dr. Seuss）和他的出版商班奈特·阿佛列·瑟夫（Bennett Alfred Cerf）打賭的成果。蘇斯在 1957 年出版《戴帽子的貓》（*The Cat in The Hat*），裡面只用了 236 個不同字彙，而瑟夫繼續對他提出挑戰，看他能不能只用 50 個字彙就寫成一本書。結果蘇斯挑戰成功，而且這本書銷售超過 8 百萬冊，下頁表列的字彙就是成書的所有材料。

《火腿加綠蛋》不只是兒童繪本暢銷榜前五名的常客，也成為美國文化的一部分。共和黨參議員泰德·克魯茲（Ted Cruz）曾企圖以冗長辯論（Filibuster）阻撓平價醫療法案的討論議程，方法就是在參議院議場中朗讀這本書。

希奧多·蘇斯·蓋索，以筆名「蘇斯博士」廣為人知。

a	like
am	may
and	me
anywhere	mouse
are	not
be	on
boat	or
box	rain
car	Sam
could	say
dark	see
do	so
eat	thank
eggs	that
fox	the
goat	them
good	there
green	they
ham	train
here	tree
house	try
I	will
If	with
In	would
let	you

阿斯泰利克斯周遊高盧 / 阿斯泰利克斯與盛宴

1963 年

高盧人阿斯泰利克斯（Asterix）歷險記是法國經典漫畫，全系列有三個一再出現的主題：阿斯泰利克斯痛揍羅馬士兵、與他倔強的朋友鬥嘴、還有美食。不過，阿斯泰利克斯與好友奧貝利克斯（Obelix）吃過的食物未必都很令人垂涎。例如草莓醬海狸尾，或是拿牛蹄當模子，恐怕就少有人敢於嘗試——後面這玩意兒是歐梅歐帕提克斯（Homeopathix）的設計，他是高盧村村長夫人茵佩蒂蒙塔（Impedimenta）的高盧羅馬混血兄弟，出現在《阿斯泰利克斯與月桂花環》（*Asterix and the Laurel Wreath*）這一集。但大致而言，這兩位高盧戰士很樂於品嚐各地美食——瑞士的乳酪火鍋，《阿斯泰利克斯與戰車大賽》（*Asterix and the Chariot Race*）中的魚醬（Garum），甚至是英格蘭的水煮野豬（奧貝利克斯覺得不怎麼樣，不過歷史上真實存在的一世紀烹飪書《阿皮希烏斯》〔*Apicius*〕也收錄了這道食譜，並聲稱它廣獲喜愛）。也難怪這套漫畫有一集是完全以食物為主題的歷險故

菜單
火腿全腿
薄荷糖
各色香檳
香腸與肉丸
尼斯沙拉
燉魚湯
香腸
乾果李
生蠔
白酒

在動畫片《阿斯泰利克斯的十二項任務》，廚師曼涅肯皮克斯為奧貝利克斯上烤野豬。

事，同時也是在向知名的環法自行車大賽致敬。

《阿斯泰利克斯與盛宴》（*Asterix and the Banquet*）於 1963 年首次出版時，法文原書名是《阿斯泰利克斯周遊高盧》（*Le Tour de Gaule d'Astérix*）。故事開場時，羅馬將軍歐維宏希烏斯（Overanxius）正在圍困倔強不屈的高盧村莊，於是阿斯泰利克斯對他說：「我跟你打個賭吧。我們會走一趟環高盧之旅，蒐羅各地名產，回來以後辦一場盛大的宴會，請你來參加。」

為了達成宏大的烹飪使命、推出集高盧精華於大成的菜單，阿斯泰利克斯和奧貝利克斯走了一趟環國快閃之旅，身邊跟著首次與他們同行的奧貝利克斯愛犬：寶格馬蒂斯（Dogmatix）。他們對各種時空錯置的名產不以為意，旋風式走訪了盧泰西亞（Lutetia，也就是巴黎，他們在這裡買了火腿），卡馬拉康（Camaracum，康布雷，薄荷糖），杜羅科托魯姆（Durocortorum，漢斯，不甜、微甜、甘甜與甜味等各色香檳），盧格杜努姆（Lugdunum，里昂，香腸和肉丸），尼撒亞（Nicae，尼斯，尼斯沙拉），馬西利亞（Massilia，馬賽，馬賽魚湯──他們老家的魚

販昂西堅倪克斯〔Unhygienix〕一定很欣慰），托洛沙（Tolosa，土魯斯，又買了更多香腸），阿吉南（Aginum，阿讓，梅乾），以及伯迪加拉（Burdigala，波爾多，生蠔和白酒）。

限於時間壓力和羅馬人礙事，他們沒有在羅托馬格斯（Rotomagus，魯昂）或迪沃杜倫（Divodurum，梅斯）買任何東西，因此錯過了前者的乳酪和蘋果酒，以及後者的李子。他們也只在傑索奇巴頓（Gesocribatum，勒孔凱）匆匆停留，否則應該會在當地選購一些美味的可麗餅才對。作者也考慮過其他的食物和地點，但沒有納入最終版本。例如亞耳沒有入選，因為他們已經採買很多香腸了，貝濟耶也沒有，因為奧貝利克斯的購物袋已經裝滿了葡萄酒。然而，以下這些仍是遺珠之憾：圖爾的熟肉抹醬，佩里格的肥肝，卡維雍的哈密瓜，格勒諾布爾的核桃，勒芒的雞肉，以及奧爾良的醋。

這套漫畫的英譯本向來十分出色，例如把羅馬軍團士兵的名字譯成「Spongefingus」，而卡馬拉康的薄荷糖法文叫做「Bêtise de Cambrai」，Betise 在法文裡意指愚蠢的錯誤，英文版巧妙地譯成「Humbug」，意思是扯謊或胡說八道。在阿斯泰利克斯所有的歷險故事中，這也是奧貝利克斯首次在別人說他胖或提到他的體重時，表現得特別生氣。

在阿斯泰利克斯令人聯想到的菜餚裡，最有名的或許要屬烤野豬了。不論在老家或旅途中，他和奧貝利克斯都經常大啖這道菜，最後卻沒有出現在這集故事的盛宴裡。幸好，位於巴黎近郊的阿斯泰利克斯遊樂園沒遺漏這個細節，遊客能在那裡盡情享用野豬肉泥開胃菜、野豬旋轉烤肉串、野豬肋排，還有野豬肉漢堡。

馬賽魚湯

6 人份

3 大匙特級初榨橄欖油

1 顆白洋蔥，切絲

1 個茴香球莖，切絲

2 根韭蔥，蔥白和蔥綠並用，切絲

4 瓣大蒜，去皮切碎

3 個羅馬番茄，切小丁

200 公克帶殼大蝦

2 片月桂葉

1 小撮番紅花柱頭

3 大匙法國茴香酒或保樂力加茴香酒

1.5 公升魚高湯

鹽與白胡椒

12 個新馬鈴薯，削皮切半

300 公克帶殼蛤蜊

300 公克帶殼淡菜

500 公克鮟鱇魚，切成 6 塊

2 到 3 片魴鮄或秋姑魚排，切半並剔除魚刺

新鮮檸檬汁，隨喜好添加

30 公克平葉歐芹碎片

首先製作湯底。取一只大口的厚底燉鍋，加入橄欖油熱鍋。放入洋蔥、韭蔥、茴香，加少許鹽炒出水，直到食材軟化透明，約需 8 到 10 分鐘。放入大蒜、大蝦（整隻連殼與頭下鍋），月桂葉、番茄丁和番紅花，續煮 3 到 4 分鐘。用茴香酒洗鍋，再加入魚高湯。用鹽與胡椒調味，加熱至沸騰，在沸騰後立即轉為小火慢燉，蓋上鍋蓋煮 30 分鐘。

在湯底燉煮的同時製作蒜香美乃滋。用小型食物處理器攪打大蒜和烤紅椒，待打至滑順後，加入蛋黃、檸檬汁和番紅花，再度攪打，同時緩緩滴入橄欖油，直到濃稠的美乃滋成形即可。用鹽與胡椒調味。把打好的蒜香美乃滋移到小餐碗中，加蓋置於冰箱備用。

烤箱預熱至攝氏 220 度，或旋風烤箱 200 度、瓦斯烤箱第四級。把長棍麵包薄片鋪在烤盤上，淋上少許橄欖油，進烤箱每面烤 3 到 4 分鐘，直到表面均勻金黃。麵包出爐後，可依喜好灑少許海鹽、用去皮的大蒜摩擦調味。暫置一旁備用。

魚湯熄火，挑出月桂葉丟棄。用手持攪拌器或果汁機把魚湯攪打至滑順。把篩網架在煮湯的燉鍋上，將魚湯倒回鍋內，濾除所有殘渣。

香蒜美乃滋

12 片長棍麵包薄片

1 大瓣蒜頭，切碎

1 根紅辣椒，烘烤後剝皮去籽

1 顆蛋黃

半顆檸檬汁

1 撮番紅花

250 毫升橄欖油、菜籽油或葵花油。

鹽與胡椒

重新開小火慢燉，加入削皮切半的馬鈴薯。等馬鈴薯煮到七、八分熟（大約 15 分鐘後），加入鮟鱇魚、蛤蜊和淡菜。將食材平均散放在鍋內，慢燉至所有貝類一開口，立即加入最後的秋姑魚或魴 魚片，加蓋續煮 3 到 4 分鐘。

淋入 1 個檸檬份量的果汁、撒上碎歐芹裝飾。

取 6 個溫過的碗，先把魚肉和貝類平均分盛再淋上湯汁，搭配備好的香蒜美乃滋和長棍脆麵包享用。

第九章

宗教與信仰

本章要介紹的第一份菜單蘊含了一名男性的身體象徵，
另一份菜單則真的拿人體入菜，
還有一份菜單可以餵飽 75,000 名食客。
接下來，請享受一頓為「不迷信的人」準備的晚餐，
而且每道菜都名副其實的「簡單」。
最後，我們以一份義式風味特別強烈的菜單作為結束，
這是為一名到紐約參訪的耶穌會修士特別設計。

最後的晚餐

33 年

史上最出名的一頓飯可說是「最後的晚餐」，根據專家考據，它的舉行時間應該落在 33 年 4 月 1 日星期三，不過要推論出當晚確切的菜單就不容易了。

耶穌和眾使徒吃的這一餐為基督宗教的聖餐儀式打下基礎，而《聖經》提到最後晚餐的段落主要出現在《馬太》、《馬可》、《路加》、《約翰》四福音書，以及保羅寫的《哥林多前書》，不過我們從中能確知的餐點內容極其有限。我們只知道餐桌上肯定有無酵餅和葡萄酒，《馬可福音》也暗示有小羊肉（不過教宗本篤十六世曾在 2007 年表示不認同這個解讀）。

兩千年來的各種藝術發想沒有太大助益。達文西在十五世紀為米蘭葛拉吉埃修道院（Convent of Santa Maria delle Grazie）的食堂創作了一幅壁畫，這也成為「最後的晚餐」最著名的代表畫面。這件作品沒有清楚描繪出食物，不過猶大看起來確實像是打翻了一個鹽罐。食物歷史學家約翰·瓦里亞諾（John Varriano）分析指出，這個虛構餐桌上放的其實是飾以柳橙片的烤鰻魚，也就是達文西最愛吃的菜餚之一。或許達文西不過是在描繪他那個時代的新潮烹飪罷了。

最後的晚餐究竟還吃了些什麼？最佳推測來自義大利考古學

菜單

無酵餅

葡萄酒

家傑內羅索‧烏奇歐里（Generoso Urciuoli）和瑪塔‧貝羅諾（Marta Berogno）。他們廣納繪畫作品與聖經章節（包括其中對希律王宴席和迦拿婚禮的描述），結合個人的專業烹飪知識，再加上這一餐應該是在逾越節那一天吃的，最後擬出下列這份可能的補充版菜單：

—馬鈴薯豆子燉肉（Cholent）
—小羊肉
—牛膝草橄欖（牛膝草是風味類似甘草和薄荷的香草）
—苦味香草和開心果
—魚醬（tzir，有點類似當時普遍的古羅馬發酵魚醬）
—什錦堅果泥（charoset，椰棗和堅果的混合果泥）

絕對沒有魚餅凍（gefilte fish）和猶太丸子湯（matzo-ball soup），這些都是後來才進入傳統逾越節菜單的菜色。

有好幾世紀的時間，許多藝術作品都把這一餐描繪成眾人圍坐餐桌共食，這又如何？烏奇歐里和貝羅諾表示：不太可能。耶穌和門徒比較可能是在墊子上席地而坐。

賈柯莫‧拉斐利臨摹達文西《最後的晚餐》的細部圖。

印度錫克教金廟的慈善廚房

十五世紀至今日

多幾個家人來吃感恩節或聖誕節午餐，可能就讓你覺得棘手了，不過對印度阿姆利則（Amritsar）錫克教金廟（Golden Temple）的公共廚房管理員來說，多個一、兩人不足掛齒，因為他們每天經常要供應 75,000 名訪客的飲食。

慈善廚房（Langar）的立意是為任何想吃飯的人免費供餐，這個傳統是錫克教信仰的重心，用心致力於餵養不分年齡、性別、種族、種姓或宗教的人（你沒看錯，真的不計宗教）。這個習俗建立於十五世紀，不只是供民眾吃食，更是一種社會改革的表態。

阿姆利則金廟 75,000 名食客的部分寫照。

→ **菜單** ←

印度煎餅

印度豆泥

蔬菜

印度米布丁

錫克教所有敬拜神祇用的謁師所（Gurdwara）都附設慈善廚房，但沒有一間謁師所要應付的食客人數比得上錫克教最神聖的敬拜地點——俗稱金廟的哈爾曼迪爾·薩希卜（Sri Harmandir Sahib）。

參拜金廟的信眾絡繹不絕，重大節日的人數更可能增為超過兩倍。想餵飽這麼多人需要大量原物料，包括大約 15,000 公斤麵粉（他們每天要製作大約 20 萬張印度煎餅），13,000 公斤扁豆，以及 5,000 公升牛奶。餐點都是素食，不分日夜、全天候供餐。遇有特殊節慶，例如印度教、錫克教和耆那教都會慶祝的排燈節（Diwali），慈善廚房還會加菜，但不論何年何日，食物永遠供應不絕。

同樣令人讚嘆的是，所有備餐與餐後的海量清潔工作（每個盤子要洗過 5 次才會再次使用），都是由大約 500 名義工負責，因為公共服務是錫克教的重心。義工也要打菜，把印度豆泥（daal）和蔬菜舀到盤裡、發放煎餅，服務對象不分當地人或遊客，來者想吃多少都能盡量吃。真正的烹飪工作由一群大約 12 人的有薪員工負責，他們會就著明火用龐大的桶子烹煮扁豆。烹飪主要以人工進行，雖然在繁忙時段也會以機器代勞製作印度煎餅等等工作。金廟有兩個占地寬廣的食堂，分別能容納 5,000 人，食客在裡面席地而坐成長排，一起用餐。每個人的頭部都要被包覆起來，而且不能穿鞋襪。用餐時還能飲用無限供應的水和茶。

在慈善廚房吃飯雖然免費，食客離開時還是可以選擇捐款。

金廟香料豆泥佐青辣椒番茄小菜

**6 人份小菜，
或 4 人份主菜／午餐**

豆泥

2 大匙植物油

1 大匙芥末籽

1 小匙莞荽籽

1 根肉桂

4 瓣大蒜，拍碎或切碎

5 公分薑段，削皮後磨成泥

1 根青辣椒，切碎，想吃辣一點則
連籽一起切碎

2 小匙印度綜合辛香料 *24

2 小匙孜然粉

6 顆羅馬番茄，切丁

175 公克紅扁豆仁

1.2 公升蔬菜高湯

青辣椒番茄小菜

2 顆羅馬番茄，去籽切丁

半顆紫洋蔥，切碎末

1 根青辣椒，去籽後切碎末

25 公克莞荽，切碎

1 顆萊姆，榨汁

隨意添加

4 大匙希臘優格或原味優格

20 公克焙香的杏仁片

4 張印度煎餅

取大口的煎鍋或砂鍋烤盆，加入植物油熱鍋，放入芥末籽、莞荽籽和肉桂條煎香。芥末籽開始劈啪跳動即把爐火轉小，加入薑泥、蒜末和辣椒末。加入少許水，續煮 1 分鐘並持續攪拌。以鹽調味。加入綜合辛香料、孜然粉、番茄丁，續煮 3 到 4 分鐘，然後加入扁豆仁與蔬菜高湯。大火加熱至沸騰後轉細火慢燉，每隔 5 分鐘要攪動一下，一定要好好攪拌扁豆，使它化成豆泥。燉煮到水分完全收乾、扁豆煮軟，需要 25 到 30 分鐘。

在燉扁豆的同時製作小菜：在碗裡把優格和杏仁片以外的所有食材混合均勻，依喜好用萊姆汁與鹽調味。

等扁豆煮軟且高湯完全收乾即熄火，將豆泥分盛入餐碗中。把小菜和 1 匙優格舀到豆泥上，可依喜好撒上焙香的杏仁片、佐 1 張印度煎餅享用。

阿茲特克的盛宴：人肉玉米粥

十六世紀

對阿茲特克人來說，有些祭典一定要搭配固定菜餚。祭祀火神希屋特庫特利（Xiuhtecuhtli）的慶典要有鹿肉跟兔肉，祭祀春神希佩托特克（Xipe Totec）的慶典要有大量該文明主食的玉米。春神的主要節日叫做特拉卡希佩瓦利斯特利（Tlacaxipehualiztli），在每年的春分舉行，而這場祭典使用的主要食材是人肉。

食人對阿茲特克飲食有多重要？這是他們日常飲食的一部分，或主要是一種祭祀行為？這些問題在學者間尚有爭議。無論如何，阿茲特克人確實覺得吃人沒什麼不妥。貝爾納迪諾‧德薩阿貢（Bernardino de Sahagún, 1499–1590）是傑出的方濟會修士，可說是世界上第一個人類學家，畢生投入阿茲特克文化的研究。根據他的紀錄，所有囚犯不論男女老幼，在特拉卡希佩瓦利斯特利（Tlacaxipehualiztli，直譯為剝人皮）這一天，基本上都會被處死。被俘的戰士最先赴死，方法是逼他們進行一種最終只會賜死的殘忍競技。德薩阿貢表示，他們的屍體有小部分會和玉米一起加進叫做「Tlacatlaolli」的燉湯裡，調味除了鹽也可能加了辣椒。只有抓到囚犯的阿茲特克人家屬才能吃這道湯。

對頁圖是我們所知最接近春神祭典菜單的描繪，出處是阿茲特克人的馬革拉貝奇雅諾手抄本（Codex Maglabechiano）──這是一種宗教曆書，記載著重大日期與節慶，免不了也有大量的血腥場面了。

第一次感恩節晚餐

1621 年 9 月

美國的感恩節直到 1863 年才成為國定假日，當時南北戰爭鏖戰正酣，而林肯總統選在此時宣布：11 月第 4 個星期四應該是個「感恩讚美」的日子。在此之前，美國各州會在不同時間慶祝感恩節，或是根本沒有這個節日。在許多人心目中，美國史上有段時期是他們立國精神的縮影，而正率領北方聯邦（Union）奮戰的林肯，是想藉由感恩節喚起並利用民眾對那段時期的懷舊情緒。

第一次感恩節晚餐在 1621 年 9 月舉行，與會的有 53 名清教徒和 90 名當地的萬帕諾亞格族（Wampanoag tribe）美洲原住民。關於他們吃的食物沒有留下確切紀錄，不過現代人的感恩節與最初那一次恐怕只是勉強相似。第一次感恩節晚餐不只早了兩個月舉行（緊接在農作收成之後）、為期 3 天而非只有 1 天，吃的東西也大不相同。

今日感恩節大餐的重點是火雞。根據美國全國火雞協會（National Turkey Federation）估計，美國每年感恩節大約會吃掉 4,500

菜單

龍蝦

淡菜

火雞

鴨

鹿

天鵝

玉米粥

玉米麵包

南瓜泥

蕃薯

萬隻火雞，而這或許也上了 1621 年那次感恩節的餐桌。當時的新英格蘭一定有很多野生火雞，不過鴨子、鹿，甚至是天鵝，比較有可能是那場餐會的鎮桌主菜。英格蘭人愛德華‧溫斯洛（Edward Winslow）出席了第一次感恩節晚餐，他在致友人的信中寫道：

……我們的州長派出四人狩獵禽鳥，好讓大家能在收穫勞動成果之後，一同來點特別慶祝。他們四人在一些幫手輔助下，在一天內盡其所能地打獵，供應大家吃了將近一星期……他們還獵得五頭鹿，帶回屯墾地獻給州長、隊長和其他人。

1621 年感恩節的菜單上絕對沒有馬鈴薯泥。馬鈴薯雖然源於南美洲，歐洲從 1750 年代起也開始把它視為美食享用，不過歐洲人並沒有把馬鈴薯帶回北美洲。那頓晚餐吃的碳水化合物應該是玉米。現代的感恩節大餐也會有玉米，不過在 1621 年不會直接吃玉米棒，玉米粒會先從穗軸上剝下來，搗成濃粥，或做成玉米麵包配肉吃。

他們可能也吃了南瓜，但當時絕對沒有南瓜派。清教徒既沒有奶油或小麥可以做糕點，也沒有烤爐。

最後是蔓越莓。萬帕諾亞格人除了會拿蔓越莓當水果吃或做糕點，也會把它搗成泥，與乾燥的鹿肉和獸脂混合製作乾肉餅——一種能存放數月不壞的超級食物（見史考特隊長的耶誕晚餐）。雖然我們無法確定那場感恩節大餐是如何食用蔓越莓，但我們確實知道清教徒手邊並沒有糖，無法把這種水果化為今日所見的黏稠果醬。要再等 50 年過後，才出現文獻記載有人拿蔓越莓和糖一起熬煮。

1621 年的第一次感恩節，讓‧里昂‧熱羅姆‧菲利斯繪。

　　清教徒在那場大餐裡確實吃到的一種食物應該是海鮮——在普利茅斯殖民地（Plymouth Colony）一帶的沿岸地區，龍蝦、鰻魚和淡菜都很盛產。雖然現代的美國也視這些海鮮為珍饈，但它們已不再屬於感恩節的傳統。原因或許是因為這一餐的初衷是為了團結國家，從林肯的宣告就看得出來。感恩節大餐保留下來的重點食物，是全國各地都易於取得的那些。龍蝦或許在緬因州盛產，在科羅拉多州就很難找到了。

十三俱樂部第 257 回晚餐常會菜單

1906 年 12 月 13 日，紐約

十三俱樂部於 1880 年代在紐約創立，宗旨是挑戰跟數字「13」有關的迷信，特別是這一個：如果 13 個人一起吃飯，其中一人會在一年內死亡。這個迷信或許源於耶穌的最後晚餐，到了 1911 年已經有了專有名詞──13 恐懼症（triskaidekaphobia）。

十三俱樂部的晚餐通常有 13 道菜、在當月 13 日舉行，而且每桌有 13 位客人。這種行徑或許古怪，不過十三俱樂部吸引了 5 位美國總統加入成為榮譽會員，包括老羅斯福在內。這裡介紹的這次晚餐在曼哈頓東豪斯頓街（East Houston Street）的小匈牙利餐廳（Little Hungary）舉行，那一帶在當時有「匈牙利燉牛肉街」（Goulash Row）之稱，小匈牙利也曾是紐約最知名的餐廳之一，可惜早已結束營業。

不過，這份菜單的用意也在打破另一個迷思──高級菜單一定要以法文寫成。美國工業到了十九世紀末開始稱霸全球，美國人的信心也隨著道瓊指數上升，慈善家與政治人物開始想簡化美式英語的用法，同時宣揚本國文化。在這份菜單上，漏網之魚的法文只有聖代（Parfait）和咖啡（Café），除此之外，從頭到尾都在嘲弄餐飲界的浮誇用詞──例如「普通」魚肉和「一般」馬鈴薯。這場修辭戰至今仍方興未艾。我們常在餐廳菜單上看到「精心策劃」（Curated）的乳酪盤，鴨胸肉「偎」（Nestle）在某樣「手工烹調」（Hand-cooked）的東西裡，而且幾乎每樣食物都出自「職

IN "LITTLE HUNGARY"

257TH REGULAR DINNER

SIMPLIFED DINING

I   Just Oysters

II   Simple Relishes

III   Plain Soup

IV   Ordinary Fish, Common Potatoes

V   Mere Smoked Tongue

VI   French Peas, simplified by American raising

VII   Only Duck

VIII   Lettuce Salad, nothing simpler

IX   Café Parfait, much simpler than it seems

X   Fancy Cakes, pure and simple

XI   Simply Cheese and Crackers

XII   Black Coffee, milk omitted for simplification

XIII   Hungarian Wine, only this and nothing more

8

人」（artisanal）之手，就連麵包也是「爐烤」（Oven baked）的——
這還用說嗎，不然你會用什麼烤麵包？

教宗方濟各的紐約行晚餐

2015 年 9 月 24 日

英國女王伊莉沙白二世在 2015 年宴請中國總理習近平時，菜單納入了蘇格蘭產的鹿肉。等習近平在 2018 年宴請美國總統川普，桌上出現了宮保雞丁和水煮東星斑。東道主會想與來客分享一點國家代表烹飪，這很可以理解。不過，當天主教教宗在紐約用餐時，他吃的每樣東西都很義大利——來自緬因州的龍蝦除外。

教宗方濟各在 2015 年參訪紐約，期間吃的每一餐都由麗笛雅·巴斯提亞尼許（Lidia Bastianich）和安傑羅·維維洛（Angelo Vivilo）領導的廚師團隊打點。巴斯提亞尼許是義大利人，她的出生地現今畫歸克羅埃西亞領土。1958 年以南斯拉夫難民身分抵達紐約的她，是深諳教宗口味的老手——本篤十六世（Benedict XVI）在 2008 年參訪紐約時，也是巴斯提亞尼許為他掌杓。

這份菜單用料豐富，綜合了貝類、義式麵點和奶製品。布拉塔（Burrata）是鑲了凝乳和鮮奶油的莫札瑞拉乳酪，以防你覺得原本沒填餡的莫札瑞拉還不夠香濃柔軟。小牛肉以蕈菇、培根卷（Pancetta）和鮮奶油調製的「伐木工醬汁」（Woodman's sauce）燉煮。就連醃雞湯都添加了以帕馬森乳酪填餡的迷你義大利餃。

方濟各平常的飲食習慣與這份菜單天差地遠。他是有史以來第一位出身耶穌會（Jesuit）的教宗，即使在成為樞機主教之後，他仍偏好自己提東西、搭乘大眾運輸工具。據說他喜歡簡單的餐

點，例如去皮雞肉、水果和沙拉，而且常親手下廚。耶穌會規約甚至促使他在吃飯前先用麵包填飽肚子，這樣就比較不會禁不起美食的誘惑。

紐約人為教宗安排的菜單雖然沒有耶穌會的素簡作風，卻也遠遠比不上最奢華無度的教宗盛宴。例如，1342 年教宗克勉六世（Clement VI）的加冕宴，動用的食材就包括超過 3 公噸的杏仁、1,000 隻綿羊和 118 頭公牛，此外還有超過 5 萬個塔派。即使與會賓客多達 1 萬人，這等食物量也非常龐大。不過，為教宗舉辦過最惡名昭彰的宴會出現在 1501 年，主辦人相傳是教宗亞歷山大六世（Alexander VI）的兒子切薩雷・波吉亞（Cesare Borgia）。這場宴會以「栗宴」（Chestnut Banquet）之名傳世，據說當晚的壓軸節目由「50 名真正的娼妓」擔綱，她們為了收集賓客四處拋灑的栗子，在地上赤身裸體地爬行。教宗的司儀約翰・伯查德（Johann Burchard）在他的日記裡寫道，「誰能跟高級藝妓辦最多次那檔子事」，就能獲得絲袍和貝雷帽作為獎賞。

── 菜單 ──

─番茄、布拉塔乳酪和龍蝦沙拉

餐酒

2013 年巴斯蒂安尼奇維斯帕白酒

─迷你義大利餃闆雞湯

─伐木工醬燒迷你菲力小牛排

餐酒

2010 年巴斯蒂安尼奇維斯帕白酒

─草莓葡萄雪酪佐天使蛋糕

餐酒

酒花普羅賽克氣泡酒

第十章

監獄與組織機關

有些人對於他們用餐的內容和地點幾乎無權決定。

南非羅本島監獄的菜單明顯反映種族隔離政策。

美國佛羅里達州的死刑犯能在預算內自選最後一餐。

英國兒童曾經吃得到健康的校園營養午餐，直到市場力量接管。

同樣在英國，麵包配啤酒則是里茲濟貧院菜單上的常客。

女士巷濟貧院的菜單

1726 年 10 月，英國里茲

十八世紀是英國濟貧院興起的時期，全國各地到了 1726 年代已有 2 千家運作良好的濟貧院，為大約十萬名無法自立更生的人提供一個「家」。倫敦大約有 90 家濟貧院，容納了最多達全市 2％ 的人口，得負責餵養大批饑腸轆轆的院民。

全世界最知名的濟貧院菜單，也是最乏善可陳的菜單之一：小說《孤雛淚》的主角奧利佛・崔斯特（Oliver Twist）能期待一天有三頓稀粥、一週兩個洋蔥，週日會有半個小圓麵包。狄更斯筆下的濟貧院伙食顯然完全不符一個小男孩所需，也肯定會造成壞血病、佝僂病和腳氣病等多重疾病。然而。根據營養學家的說法，真正的濟貧院菜單其實比這好一些，對真實世界中的小奧利佛來說，也勉強算是營養充足了（假設他們領到的飯量沒有打折扣的話……）。

無論如何，濟貧院的飲食還是頗為糟糕。食材免於鼠患的程度恐怕未達多數人期望的水準，甲蟲之猖獗也一樣。所有的菜單通常每週循環重複，也都很常出現麵包和啤酒。不過，院民的伙食是由各家濟貧院各自打理，所以差異也非常大，有些還會在時局艱難時自行種菜，例如愛爾蘭馬鈴薯飢荒期間，或是自釀艾爾啤酒。稀粥也是固定要角。1847 年諾福克郡（Norfolk）埃爾舍姆濟貧院（Aylsham Workhouse）的一份煮粥食譜很簡單扼要：「一品脫水配半盎司燕麥片，加熱至沸騰。」肉食通常是牛肉或羊肉。

政府也曾出手協助改善濟貧院伙食。1836 年，濟貧法委員會（Poor Law Commission）向濟貧院廚師提出 6 條飲食建議，到了二十世紀初，政府也對濟貧院飲食做過深入分析。成果是在 1901 年，各家濟貧院的廚師接獲一本專門的「濟貧院實務手冊」（Workhouse Manual），內附 50 道食譜，包括牧羊人派和鹹布丁卷在內，此外也提供烹飪訣竅，例如所有食物都以水煮取代焙烤，可以節省成本。隨著時間過去，這些食譜也用了愈來愈多牛奶和糖。

菜單只在特殊節日才會更換：耶穌受難日（Good Friday）那天，伙食通常會加上熱十字麵包（Hot cross bun），每人一個。1840 年的耶誕節，倫敦聖馬里波恩濟貧院（St Marylebone Workhouse）的 1,661 名成人與兒童院民，每人享用了 170 克烤牛肉、450 公克馬鈴薯和葡萄乾布丁、600 毫升波特啤酒，以及大約 100 公克的糖、菸草和鼻菸，晚上還享用了柳橙、蘋果和糖果。

食物的份量受到精確管控，並且隨院民的性別和位階而有別。彼得・席金博賢（Peter Higginbotham）著有《濟貧院食譜書》

	早餐	晚餐	宵夜
週日	麵包配啤酒	牛肉湯	牛奶燕麥粥
週一	牛肉湯	米漿	牛奶燕麥粥
週二	牛奶燕麥粥	葡萄乾布丁	麵包配啤酒
週三	麵包配乳酪	牛肉湯	牛奶燕麥粥
週四	牛肉湯	馬鈴薯	麵包配乳酪
週五	麵包配啤酒	米漿	牛奶燕麥粥
週六	糖漿配清粥	豌豆糊	麵包配啤酒

倫敦聖潘克拉斯濟貧院；下圖：倫敦馬里波恩濟貧院

（*The Workhouse Cookbook*）這本出色的作品，裡面詳述了院民被分成的許多等級（相應的餐點與份量也不同），從無業男性（一級）到女性與各年齡兒童，最後是要吃特殊飲食的病人（八級）。

大型濟貧院的食堂有成排的座位，全面向前方，男女分開用餐。如果空間無法做這種安排，院民就要分批吃飯以保持男女有別。早餐時間通常是上午 9 點，濟貧院院長會在一旁監管風紀，晚餐是下午 1 點（一天中最主要的一餐），宵夜是傍晚 6 點。在用餐之餘的時間，每個人都要工作。

雖然我們以為濟貧院是狄更斯那年代的產物，不過這類機構其實持續運作到二十世紀，直到 1930 年才正式廢除，之後仍有些濟貧院改以公共貧民收容所（Public Assistance Institutions）的名義在郡政府監管下繼續營運，到了第二次世界大戰才畫下句點。

完美慢煮燕麥粥佐燉蘋果

3 到 4 人份

燕麥粥

150 公克鋼切燕麥粒

500 毫升牛奶或水

1/2 小匙肉桂粉

燉蘋果

1 顆大的或 2 個小的烹飪用蘋果

1 小匙香草醬或 1 小匙肉桂粉

1 顆柳橙的橙皮屑

2 大匙優質液態蜂蜜

佐餐食材

亞麻籽、南瓜籽仁或葵瓜籽仁

為了得到最佳口感,燕麥粒要先浸泡過夜,方法是將燕麥粒泡在一半的牛奶(250 毫升)裡,加蓋置於冰箱。

蘋果削皮切薄片。將切好的蘋果片置於平底鍋內,加入香草醬或肉桂粉,以及橙皮屑與少許水。小火慢煮到蘋果開始散開,用木匙幫忙把蘋果壓碎。等到蘋果的質地合意(我喜歡幾近果泥的口感),平底鍋即可離火,依喜好以蜂蜜調味。

把浸泡好的燕麥放入厚底燉鍋,加入肉桂粉和剩餘的 250 毫升牛奶。用細火慢煮 20 分鐘,將燕麥粥緩緩加熱至沸騰,同一時間不斷攪拌,就可以得到口感非常濃滑的燕麥粥。

燕麥粥煮好後,佐燉蘋果並淋上少許蜂蜜享用,可依喜好加入一些亞麻籽、南瓜籽仁與葵瓜籽仁。

校園營養「晚餐」菜單

1940 年代晚期

英國教育部長拉布‧巴特勒（Rab Butler）的 1944 年《教育法案》（*Education Act, 1944*），為人民帶來了一線希望。當時英國人民渴望社會改革，政府亟需讓他們看到更好的未來。不過第二次世界大戰仍方興未艾，政府的資源有限。這部法案神奇地結合了遠大抱負和儉省行事，把義務教育年限提高到 15 歲，不過巴特勒原本把目標放在更有野心的 16 歲。這部法案降低了教會對教育的影響力，同時又沒有失去教會的財務支援。此外，法案也強制教育行政單位供應校園營養晚餐，不過只有無力負擔餐費的學生可以免費。

這份來自 1940 年代晚期的校園營養晚餐菜單，就以僅僅兩道菜體現法案的精神。雖然菜色很基本，食材也偏低廉，不過根據英國衛生部頒布的兒童每日必須營養標準，這還是提供了 1/3 的量。1/3 的每日必需營養，就是新教育法案規定所有營養晚餐都要

達到的標準。於是在接下來 30 年間，蕪菁丁和久放結膜的奶蛋糊，成為英國兒童在校用餐共同的嫌惡經驗，不過廚房阿姨知道這些東西有益小朋友的健康。這份菜單甚至還有兩種點心可選，在糖仍是限量配給品的時代，讓孩子享受一點難能可貴的甜食。1980年，柴契爾夫人的保守黨政府取消了營養規定，餐點也不必再遵

菜單

燉牛排

馬鈴薯泥

紅蘿蔔丁

杏仁果醬塔

柳橙果凍

奶蛋糊

守固定價格，導致後續 30 年間，漢堡、薯條和扭扭糖（Twizzler）主宰了校園晚餐的菜單。

杭特利影史館（Huntley Film Archives）收藏了一部紀錄片，內容是 1940 年代校園營養晚餐的準備過程。影片旁白有如在向英國名演員寇威致敬，語調之輕快活潑有過之而無不及，而且從頭到尾說的都是營養「晚餐」（Dinner）而非「午餐」（Lunch）。這個用詞提醒了我們，校園餐的用意是對付英國工業城市的營養不良和疾病問題，晚餐由學校廚房阿姨在中午時間供應，孩子回家後吃的是簡餐，而不是正式晚餐。

到了 1951 年，將近一半的英國學童都在學校吃營養晚餐。這種作法之所以如此風行，部分是因為很多食物到了 1950 年代還是限量配給，但校園晚餐不受配給限制。所以在學校吃飯能幫助家庭節省寶貴的乳酪、肉品和雞蛋配額。不符免費資格的學童，每天只要繳 7 便士就能吃營養晚餐，相當於今天的 95 分英鎊。

243

　　早在 1944 年教育法案實施的 50 年多前，提倡校園餐的運動已經展開。十九世紀末，許多由憂心忡忡的老師主導的慈善機構，開始在他們任教的學校為兒童提供食物。不過這些餐點通常是早餐而非晚餐——蜜糖牛奶粥、麵包和乳瑪琳。在當時，英國工業城市貧童的健康問題教人觸目驚心。1899 年，英國軍隊發現，在志願為波耳戰爭（Boer War）從軍的年輕男性當中，有 1/3 因為過於瘦小、營養不足或為疾病所苦，無法上場打仗。

　　1904 年，社會改革家與倡議人士瑪格麗特・麥克米蘭（Margaret McMillan）與工黨議員費德・喬威特（Fred Jowett）說服了布拉德福德（Bradford）的教育委員會，當地學校開始提供免費餐點。雖然這嚴格來說是違法，仍然壯大了倡議聲量，最終促成了 1906 年的《校園膳食法案》（School Meals Act），使教育主管單位得以供應免費校園餐。然而法案並沒有強制性，這麼做的學校也少得可憐：在第二次世界大戰開打時，全英國只有一半的教育主管單位實施校園供餐計畫。1944 年《教育法案》才真正著手滿足了英國學童的營養需求。

　　不過，我們如果真想為孩子提供最營養的午餐，或許該借鑑法國校園午餐的菜單。他們提供學童四菜的午餐，常見的菜色範例是法式酸奶油黃瓜沙拉，接下來是橄欖油炒小牛肉佐綠花椰菜，然後是山羊乳酪，最後是焦糖粗麥蛋糕之類的甜點。即使吃得這麼好，法國學童的肥胖率仍遠低於英國學童。

在倫敦托特納姆的唐吉爾小學，學童排隊領取午餐。

羅本島的菜單

1960 年代

羅本島（Robben Island）位於南非開普敦岸外 8 公里遠的海面上，曾是收容麻瘋病人的地方，在十九世紀成為監獄，又在二戰期間作為海軍基地使用。1959 年，羅本島再度改制為監獄，這一回專門關押以政治犯為主的非白人囚犯。

如同南非種族隔離制的其他措施，羅本島監獄的「菜單」也依囚犯的種族有所區別，分為「有色／亞裔」和「班圖（Bantu）」——這是官方稱呼黑人的用詞，帶有政治色彩與侮辱意味。囚犯會得到的食物份量、種類與營養價值，完全取決於他們被分到哪一類種族。

黑人囚犯的高熱量食物（脂肪、肉和糖）比其他囚犯都來得少，也完全吃不到果醬。他們伙食的主要成份是南非常見的一種玉米粉（Mielie meal），能調水煮成稀滑的粥或比較濃稠的「帕普」（Pap）。黑人囚犯的午餐也有「普札孟得拉」（Puzamandla），一種以玉米為原料、用酵母增稠的蛋白質飲料。然而，一位曾在羅本島坐牢、後來成為島上導覽員的男性表示，獄方發給他們的普札孟得拉粉少得可憐，泡水後，水色幾乎沒什麼改變。2002 年，曾在羅本島服刑的南非國會議員比利·奈爾（Billy Nair）說：「那裡的食物基本上只是讓你死不了而已……」

羅本島監獄裡有大約 1/3 是政治犯，他們入獄的罪名主要是惡意破壞，而惡意破壞的定義在 1962 年擴大詮釋，舉凡罷工、

6. ## DIFFERANCES BETWEEN B AND C DIETS:

B - Coloureds/Asiatics	C - Bantus
Mealie meal 6oz - breakfast	Mealie meal 12oz: Breakfast - 6oz Supper - 6oz
Bread: 4oz lunch & 4oz supper	Puzamandla - lunch
Fat: 1oz daily per person	Fat ½oz per person daily
Mealie rice or samp.	Mealies
Meat: 6oz per person	Meat 5oz per person
Jam/Syrup: 1oz per person daily	No jam/syrup
Sugar: 2oz	Sugar 1½oz
Coffee: Breakfast - ½oz Supper ½oz	Coffee: breakfast 1½oz ⅓

B 餐與 C 餐的差別：

B——有色／亞裔玉米粉

6 盎司——早餐

麵包：午餐 4 盎司＆晚餐 4 盎司

油脂：每人每日 1 盎司

玉米粉飯或湯

肉：每人 6 盎司

果醬／糖漿：每人每日 1 盎司

糖：2 盎司

咖啡：早餐—— 1/8 盎司

晚餐—— 1/8 盎司

C——班圖

玉米粉 12 盎司：

早餐—— 6 盎司

晚餐—— 6 盎司

普札孟得拉——午餐

油脂——每人每日半盎司

玉米粉類食品

肉：每人 5 盎司

沒有果醬／糖漿

糖：1 又 1/2 盎司

咖啡：早餐 1 又 1/2 盎司

工會活動、在牆上塗寫標語都算在內。後來成為南非總統的納爾遜·曼德拉和雅各布·祖馬（Jacob Zuma），以及泛非主義者大會（Pan Africanist Congress）運動創始人羅伯特·蘇巴克威（Robert Sobukwe），都曾在羅本島服刑。這些囚犯白天要在採石場做苦工（即使是每天攝取他們四倍熱量的人都會吃不消），結果這些採石場反倒成為地下大學，囚犯在裡面彼此教導政治、文學和歷史知識。

佛羅里達州死刑犯的最後一餐

1989 年 1 月 24 日

泰德・邦迪（Ted Bundy）因為犯下強姦、戀屍、逃獄和 35 起謀殺案，被判有罪並處以死刑，1989 年 1 月 24 日在佛羅里達州州立監獄行刑。他沒有為人生的最後一餐提出特別請求，所以獄方給他吃的是一般囚犯的標準伙食。這一餐真是再美式不過，不只有牛排和雞蛋，雞蛋還是兩面煎（Over easy）的荷包蛋，蛋黃仍半生不熟。邦迪一口也沒吃。

有個常見的傳言說死刑犯能為最後一餐請求任何想吃的東西，但事實上，在美國仍有死刑的三十一州裡，對最後一餐都有各自的規定和限制。

在維吉尼亞州，死刑犯能從 28 天為一個循環的監獄菜單上挑選任何菜色。泰瑞莎・路易斯（Teresa Lewis）因為謀殺親夫和繼子，在 2010 年被處決，她為最後一餐選的是炸雞、奶油豌豆、蘋果派和胡椒博士（Dr Pepper）可樂。

路易斯點的炸雞是熱門選項。很少有死刑犯會點罕見或奢華的菜色，大多都是選高油、高鹽、高糖的療癒系食物，其中又以炸雞最獲青睞。約翰・韋恩・蓋西（John Wayne Gacy）因為犯下強暴與 33 起謀殺案，在 1994 年處決，他為最後一餐點了一桶原味的肯德雞炸雞和薯條，外加蝦子和草莓；他在入獄前曾負責管理過 3 家肯德雞餐廳。雷尼・貝西亞（Rainey Bethea）是美國最後一個公開處決的囚犯，於 1936 年以絞刑處死，他也為最後一餐點了

炸雞。在佛羅里達州，死刑犯能從監獄所在地的餐廳點菜，不過上限是 40 美元。俄克拉荷馬州就沒那麼大方了，他們的最後一餐只限 15 美元。

德州執行死刑的次數比任何其他州都來得多，而自從羅素・布魯爾（Russell Brewer）在 2011 年提出超乎尋常的要求後，德州死刑犯就不能再為最後一餐任意點菜。布魯爾是白人至上主義者，被判死刑是因為他出於種族歧視而殺害了小詹姆斯・柏德（James Bird Jr）。他為最後一餐點了 2 份雞排、1 個三層培根肉排乳酪漢堡、1 份乳酪歐姆蛋、1 大碗炸秋葵配番茄醬、1 磅（約半公斤）烤肉與半條白麵包、3 份墨西哥烤肉、1 個全肉披薩（meat-lover's pizza）、1 品脫（約 470 毫升）藍鐘牌（Blue Bell）香草冰淇淋，1 排含花生碎的花生醬牛奶糖，以及 3 瓶薑汁啤酒。根據獄方說法，結果這些東西他碰都沒碰。美國參議院刑事司法委員會主席約翰・惠特米（John Whitmire）寫道，「給予死刑犯這等優待極為不妥」，而且「這名罪犯的受害者並未從他手中獲得同樣寬待」。

不是所有的死前要求都這麼鋪張浪費。提摩西・麥克維（Timothy McVeigh）犯下 1995 年俄克拉荷馬市爆炸案，導致 168 人喪生，他在死前請求的是 2 品脫（約 950 毫升）薄荷巧克力碎片冰淇淋。

不過，最富表達力卻也最低調的死前要求，或許來自維克多・費戈爾（Victor Feguer）。他於 1963 年在愛荷華州被以絞刑處死，

菜單

牛排—三分熟

兩面煎荷包蛋

煎薯餅

奶油果醬土司

牛奶

果汁

251

只為最後一餐請求了一顆帶核的橄欖，後來旁人在他的外套口袋裡發現那枚橄欖核。

美國死刑犯的最後一餐不能有酒精，不過，前納粹黨員阿道夫・艾希曼（Adolf Eichmann）於 1962 年在以色列被處決之前，請求了一瓶以色列迦密（Carmel）酒莊的紅酒。與這瓶酒一起送到他面前的是監獄的一般伙食，有乳酪、麵包、橄欖和茶。據說他回絕了那些食物，只喝了半瓶紅酒。

第十一章

新奇與古怪

不論是鯉魚和龍蝦，貓和老鼠，還是保護類鳴禽，
全都上了本章的菜單。
除此之外，有份菜單只為人類最好的朋友設計，
還有另一份菜單本身就能吃下肚，至於最後一份菜單，
可能會打包得扁平齊整送到你面前。

山繆‧皮普斯的「結石宴」

1663 年

繆‧皮普斯（Samuel Pepys）是英國知名的日記作家，透過他精彩的日記，我們也可以知道他是個吃貨。皮普斯在 1660 年代連續寫了十年日記，幾乎一天不漏地提及他的飲食。他曾因為灌下 1 品脫（近 500 毫升）柳橙汁而略感擔憂，會在意吃黃瓜可能致死的風險，也曾為了一塊美味的鹿肉餡餅欣喜不已（那個年代的餡餅比今天大很多，因為外層是厚重的麵皮，存放數月也大致安全無虞──吃餡餅想必帶給他極大的樂趣，因為他在日記裡提到這種食物 50 次之多）。皮普斯出名的行徑還有一樁：他為了保護自家的帕瑪森乳酪免於 1666 年倫敦大火（Great Fire of London），特地把乳酪埋進地底。

在一年中的某一天，他會特別執意擬出一份體面的菜單。1658 年 3 月 26 日，皮普斯動手術拿掉一顆大如網球的膀胱結石。這是一次危險又極度痛苦的手術，醫師讓他先喝了一瓶白蘭地，權充麻醉之效。從此以後，皮普斯每年都在手術週年當天或前後幾天舉辦晚宴、感恩手術成功，他管這叫「結石宴」。

菜單
法式燉兔與燉雞
水煮羊腿
三尾鯉魚
半隻羔羊
烤鴿
四隻龍蝦
三個塔派
八目鰻派
鯷魚

　　前頁是 1663 年結石宴的菜單，其中也包括了「各色美酒」。如同他記述的許多餐點，這場結石宴也有些缺乏蔬菜——這或許是他當初會長膀胱結石的主因，然而他在後來幾年確實表現出對沙拉的興趣，部分或許是因為沙拉開始流行，而他喜歡跟上時代精神。皮普斯鍾情於英式烹飪，不過他的日記也顯示他對法式烹飪與風俗與日俱增的興趣，例如以叉子取代以手就食。

　　以下是 1662 年結石宴的菜單：

　　第一道菜有 1 雙燉鯉魚、6 隻烤雞、1 塊熱鮭魚頰肉；第二道菜有 1 份艾菊布丁和 2 條牛舌，以及乳酪；整個下午的氣氛都很歡快，大家有說有唱，還有人吹哨笛。

　　皮普斯的藏書也反映出他對食物的興趣，研究人員可以在劍橋大學莫德林學院（Magdalene College）查閱這批收藏，其中有多本 1680 年代的食譜和手冊，包括一本作者匿名的《淑女烹飪之樂》（Gentlewoman's Delight in Cookery）。然而，皮普斯鮮少親自下廚，他收藏這些書應該是出於對烹飪科學原理的興趣，而不是想置身鍋碗瓢盆間、親手弄一道他最愛的生蠔。

　　1669 年 5 月，皮普斯的視力惡化，從此停止撰寫日記，從那時起也不再有關於結石宴的任何記載。不過這場歡樂的宴會應該有繼續舉辦下去，直到他於 1703 年過世為止。

巴黎圍城期間的飲食

1870 年耶誕節

對1870 年的巴黎人來說，那年的耶誕節並不好過。法國在對普魯士的戰爭中屢嘗敗績，巴黎自 9 月起被圍困，更糟的是城內糧食隨時間過去逐漸消耗，幾近告罄。

巴黎市民不得不急中生智。他們開始吃市內所有的動物，最先從馬吃起（圍城四個月期間，有超過 65,000 匹馬被吃掉），等馬肉快消耗完了，接著是狗、貓和老鼠（能養成這種口味真的很葷腥不忌），餐廳的菜單開始頻頻出現這些選項。英格蘭記者亞伯特·范登（Albert Vandam）在《一個英格蘭人在巴黎》（*An Englishman in Paris*）一書中提到，除了鼠肉沙拉米香腸，巴黎人也開始吃秋海棠。

受困巴黎的美國醫生羅伯·西貝特（Robert Sibbet）描寫了他在 11 月 12 日那天，在羅什舒阿爾街（rue de Rochechourat）上注意到一間店鋪：

肉攤子右邊有幾隻宰殺得乾乾淨淨的大型犬，1 隻吊著脖子，另幾隻從足踝倒掛。旁邊是幾隻肥大的貓，也宰得乾淨俐落，肉販的妻子殷勤地招攬 1 名敢近前詢價的老婦人，向她兜售個 1、2 磅肉。攤子左側有十幾隻老鼠攤直了盛在托盤上，頭紗半遮面的年輕女子小心翼翼地靠過去，身邊跟著小女孩。

　　西貝特補充道，一隻金魚如今要價 4 美元，而且「巴黎的老饕現在有了前所未有的機會，可以盡情嚐鮮了。」情況確實如此。到了情勢最不樂觀的時候，他們開始吃動物園的收藏。很多人的用餐情趣備受打擊，小說家維克多·雨果是其中之一。「昨天我們吃了些公鹿肉，前天則是熊肉，兩天前的菜色是羚羊肉。」除了獅子老虎（太危險）、猴子（太像人）與河馬（太⋯⋯河馬是要怎麼煮？），全體動物無一倖免。

　　餐飲業者格外致力於創新發想。附上聖奧諾黑路（rue Saint-Honoré）上的名店沃桑餐廳（Voisin）的菜單，出自主廚亞歷山大·艾提安·修宏（Alexandre Étienne Choron）之手。修宏買下巴黎動物園的兩隻大象卡司特（Castor）和波魯（Pollux），為食客端出象鼻和紅酒燉象肉。以下是這份菜單上的重點菜色：

開胃小菜
鑲驢頭

湯品
象肉清湯

主菜
英式烤駱駝
燉袋鼠
熊肉排佐胡椒醬

烤肉
狼腿佐鹿肉醬汁
百鼠朝貓
松露羚羊肉泥

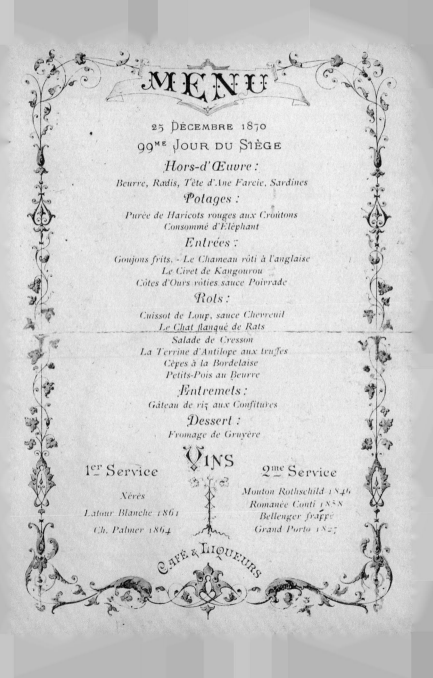

MENU

25 Décembre 1870

99ᵐᵉ Jour du Siège

Hors-d'Œuvre :

Beurre, Radis, Tête d'Ane Farcie, Sardines

Potages :

Purée de Haricots rouges aux Croûtons
Consommé d'Éléphant

Entrées :

Goujons frits. - Le Chameau rôti à l'anglaise
Le Civet de Kangourou
Côtes d'Ours rôties sauce Poivrade

Rôts :

Cuissot de Loup, sauce Chevreuil
Le Chat flanqué de Rats
Salade de Cresson
La Terrine d'Antilope aux truffes
Cèpes à la Bordelaise
Petits-Pois au Beurre

Entremets :

Gâteau de riz aux Confitures

Dessert :

Fromage de Gruyère

VINS

1ᵉʳ Service	2ᵐᵉ Service
Xérès	Mouton Rothschild 1846
	Romanée Conti 1858
Latour Blanche 1861	Bellenger frappé
Ch. Palmer 1864	Grand Porto 1827

Café & Liqueurs

　　亨利・拉布樹（Henry Labouchère）是積極立法反猶太、反女性主義、反同性戀的英國政治人物，當時人也在巴黎的他記錄道：「晚餐時，我吃了一片波魯的肉……口感粗硬而油膩。只要市面上還買得到牛肉和羊肉，我不建議英國家庭食用象肉。」此外他也提及吃西班牙獵犬肉的體驗。不過，有些法國本色還是沒變：修宏為餐廳開出的酒單上有 1846 年木桐酒莊（Mouton Rothschild）和 1858 年羅曼尼康帝酒莊（Romanée-Conti）的葡萄酒，甜點則有親切而慰藉人心的葛瑞爾乳酪（Fromage de Gruyère）。

　　等德軍終於在 1871 年 1 月獲勝，立即讓大批載糧火車進入巴黎，英美兩國也做了慷慨捐獻。不過對某些生命來說，為時已晚。西貝特寫道：「2 月 13 日。陪伴人類左右的家庭寵物全部銷聲匿跡。我已經有一個月沒看過任何一隻活生生的狗──就連一隻貴賓犬也不見蹤影。」

諾貝爾獎頒獎宴菜單

1947 年

無論是文學或經濟、醫學或和平工作、物理或化學，諾貝爾獎得主在各領域的傑出成就，全世界都為之喝采。不過在瑞典，精彩活動在得獎名單宣布後才正要開始……

諾貝爾獎典禮於 1950 年首次在瑞典電視上播出，在此之前的多年間，民眾只能透過廣播收聽。眼見 1,300 百位瑞典社會名流齊聚斯德哥爾摩市政府的藍廳（Blue Hall）享受美饌佳餚，民眾也逐漸開始共襄盛舉，在自家盛裝慶祝。在今天，瑞典的學校和各種社團組織會自行舉辦諾獎慶祝會，從童軍團到瑞典禁酒協會

1958 年諾貝爾獎晚宴

菜單

—— 菜單 ——

三明治

奶醬雞肉

蘋果蛋糕

紅酒香草醬

雪利酒

（Swedish Temperance Organisation）都不例外，與會者不是身穿傳統民俗服飾，就是光鮮亮麗的宴會裝。學童通常也會特別打扮——小女孩穿禮服長裙，小男孩穿西裝夾克打領帶。可以把這想像成在自家舉辦歐洲歌唱大賽（Eurovision Song Contest）的派對，只是主旨與音樂無關。

諾貝爾獎官方宴會始於 1901 年，當年出席的有 113 人，全都是男性。早年的賓客圍坐在馬蹄形的餐桌旁，不過等與會人數逐漸增加，主辦單位開始使用長型餐桌，環繞著中央的一桌榮譽貴賓席擺設。一個至今仍延續的傳統是會場的鮮花裝飾，主辦單位會從創辦人阿佛烈・諾貝爾（Alfred Nobel）生前最後居住的義大利聖雷莫（Sanremo）買進大約 23,000 朵蘭花、玫瑰和劍蘭。

伴侶通常不會安排坐在一起（包括瑞典國王和皇后在內），除此之外，場內的規矩其實不多。菜單祕而不宣，直到 12 月 10 號宴會當晚 7 點才會公布，而有多年時間，甜點永遠都是冰淇淋，由侍者和傳統民俗樂手進行「冰淇淋遊行」，從藍廳宏偉的樓梯浩浩蕩蕩地走進會場。

隨著時間過去，晚宴菜色從 1901 年的五道菜（當年菜單上還有菱鮃和松雞胸肉），到 1919 年以後減為四道，從 1945 年起又減為三道。1946 年的諾貝爾獎晚宴發起了一個延續至今的傳統：在餐點中納入北歐飲食文化的元素，例如烤馴鹿排佐越橘醬就曾出現在菜單上。

大體而言，諾貝爾獎晚宴的菜色相當精緻高級，例如以下是2017年的菜單：

菊芋乾薄片佐球莖甘藍花，以薑和微炙卷心菜清湯調味
脆皮小羊腰脊肉，馬鈴薯泥佐史維真（Svedjan）產鮮奶油，
黃甜菜，鹽焗根芹菜，蘋果沙拉佐迷迭香小羊肉汁
冰越橘巴伐利亞奶油，檸檬百里香越橘冰淇淋，
萊姆果凍，萊姆酪佐萊姆蛋白酥

泰廷爵香檳
2014年多明尼酒莊紅螞蟻精選紅酒
2016年伊拉蘇酒莊晚採收蘇維濃白酒
格朗斯泰特陳年干邑白蘭地
法希爾潘趣酒
斯坦庫拉礦泉水 [26]

為1,300人採購是相當繁重的任務。這是諾貝爾基金會提供的食材清單範例：2,692塊鴿胸肉，475隻龍蝦尾，100公斤馬鈴薯，70公升酸甜覆盆子醋醬汁，67公斤菊芋，53公斤奶油乳酪，45公斤淡燻鮭魚。回顧超過一世紀的歷屆諾獎晚宴菜單，能明顯看出某些趨勢。曾風靡一時的法式清湯和烏龜湯前菜，如今已走入歷史。法式伯那西醬不再流行，北歐的莓果正在崛起。諾貝爾基金會也致力配合時代氛圍。在兩次世界大戰期間，諾貝爾獎都沒有辦宴會，而是把錢改捐給紅十字會。在1947年，他們也盡量避免過度奢華，所以上頁那份菜單以三明治作為前菜，唯一一道主菜奶醬雞肉是向簡單、傳統的農家飲食致敬，食材有馬鈴薯、洋蔥、紅蘿蔔和鮮奶油。

蘋果乾果李軟糖

可做 12 到 16 塊
1 公斤烹飪用蘋果
500 公克阿讓乾果李，去核
1 小匙肉桂粉
1/4 小匙丁香粉
1/2 小匙多香果粉
800 公克砂糖
少許植物油，塗抹模具用

蘋果切丁，但不用削皮或去核，這些部分所含的果膠有助軟糖凝固。加入乾果李和香料，加水至果肉的一半高度（大約 600 毫升）。半蓋上鍋蓋，以小火慢燉 30 到 40 分鐘，直到果肉變得非常柔軟、開始化成果泥。

把篩網架在碗上，把果泥過篩到碗中，用金屬湯匙背幫忙擠壓。

給果泥秤重，每得 150 公克果泥加 80 公克糖。把加糖的果泥移到厚底燉鍋中，在爐台上以細火一邊加熱一邊攪拌，使糖溶解。細火慢燉 1 小時，要注意時常攪拌，因為果泥很容易黏鍋燒焦。如果木匙在攪拌時能把果泥分開、在鍋底畫出不帶果泥的清晰線條，軟糖泥就煮好了。

以少許不帶強烈氣味的植物油給邊長 20 公分的方形蛋糕模抹油，再鋪上烘焙紙。

把軟糖泥舀到備好的模子裡，用力把表面壓得平整均勻。放涼後移入冰箱，隔夜定型（或 12 個小時）。

把定型的軟糖分切成小塊、撒上糖粉。

用烘焙紙把軟糖塊包好，放入密封容器裡，最多可保存 3 個月。可盛放在乳酪托盤上，與乾醬土司一起享用，或是作為野味料理的配菜。

密特朗（違法）的最後晚餐

1995 年

二十世紀最知名「最後一餐」，出現在 1995 年元旦前夕。

法國總統法蘭索瓦・密特朗（François Mitterrand）在 1980 年代初期被診斷出罹癌，卻在主政期間保密了 10 年都沒有對外公開。不過，偉大的政治家一旦覺悟到自己來日無多，決定邀請 30 位摯友共享最後的晚餐……

他挑選的菜色大多都很容易理解（雖然他當晚吃下的生蠔數量——以及吃的速度——讓與會人士有些心驚）：微煎的肥肝曾是他當總統時的最愛之一，閹雞則是另一道常見的宴會菜。引人爭議的是壓軸那道圃鵐（Emberiza hortulana）。

體型嬌小、喉部呈黃色的圃鵐是法國精神的象徵。歐盟禁獵這種鳴禽，法國自 2017 年夏季起也嚴格取締盜獵，雖然實際上常是睜一隻眼、閉一隻眼。圃鵐在法國人的餐桌上肯定仍很常見，通常是在夏季將盡時，家庭大型午餐聚會的壓軸菜色。自 1980 年以來，圃鵐的數量估計減少了 80%，由此可見牠居高不下的人氣。賽普勒斯也有類似的「烤鳥仔」（Ambelopoulia），同樣是獵捕鳴禽做成的菜色，也是政府立法禁止的行為。

熱愛鳴禽的讀者，現在最好略過這一章，以免看到如何烹煮圃鵐的來龍去脈。

法國塔塔斯圍鶇兄弟會品嚐圍鶇的情景。

　　圍鶇的主要獵捕地點在法國西南部的朗德（Landes）地區，趁著牠們遷徙非洲經過此地時，獵人用一種叫做「馬托勒」（Matoles）的特製籠具來捕鳥。在南法的普羅旺斯，獵人也會在樹枝上放黏膠來捕圍鶇，如同羅德‧達爾（Roald Dahl）的小說《壞心的夫妻消失了》（Twits）裡面那對夫妻的行徑。被捕獲的圍鶇會關在陰暗的籠子裡，被強迫餵食小米以增肥，有時直到體型漲

菜單

馬雷內生蠔

肥肝

醃雞

圍鶇

貴府甜白酒與紅酒

266

大為兩倍。傳說古羅馬皇帝會把這種鳥弄瞎，以促使牠們在一天中不斷進食。

傳統上是用雅馬邑（Armagnac）把這種鳥淹死，然後也就順道以這種白蘭地作為醃料。接著把鳥拔毛、放進淺底砂鍋裡，以少許鹽與胡椒調味後大火烤大約 8 分鐘，最後連鍋直接上桌，又燙又脆。

每名食客要在頭上披一條繡花白餐巾，創造出一個小帳棚似的私密空間，據說這能加強香氣與美味，不過有些人也說，這是為了不讓上帝看到他們要做什麼好事。除此之外，這也能免於狼狽的吃相外揚。

食客拿起圃鵐，一口咬下鳥頭。有些人也會把鳥頭吃掉，不過大多是連同鳥喙棄置於一旁不吃。接下來，他們會從鳥爪開始入口，依序連同翅膀、骨頭、內臟，整隻鳥嚼個稀爛，有些人會把比較大的骨頭吐出來。好好吃完整隻圃鵐，需時大約 10 分鐘。

在那場晚宴中，密特朗不是唯一大啖圃鵐的人。廚師準備了一大盤，雖然不夠每名賓客享用，但還是為數頗多。密特朗自己吃了 2 隻。

等到這頓新年前夕的饗宴過後，密特朗在接下來幾天裡，除了一點茶和湯水就沒吃其他東西了。

他在一週後過世。

莫多餐廳的可食菜單

2005 年

試吃菜單（Tasting menu）常見於高級餐廳，不過真正可以吃的菜單又是另一回事了。在益發重用高科技的美食界，霍馬洛·坎圖（Homaru Cantu）是偉大的先驅之一，他不只投身研發飄浮食物、雷射烹飪，也發想出「可食菜單」這個新穎的點子。

　　坎圖與美國太空總署合作改造了一具佳能牌噴墨印表機（他稱之為「食物複製機」〔food replicator〕，向《星艦奇航記》〔Star Trek〕裡的複製機致敬），接下來，他在一張以黃豆和玉米／馬鈴薯澱粉做成的紙上印出菜單，墨水原料是紅蘿蔔、番茄、紫馬鈴薯和其他蔬果。這張菜單被固定在一大張墨西哥玉米薄餅上，在他位於芝加哥的莫多餐廳（Moto）供客人瀏覽。

食客可以直接張口咬進這份菜單、把它撕碎後加進燉飯，或是加入西班牙冷湯裡，讓這道湯變成名副其實的「字母湯」。客人也可加點印在脆麵包丁上的菜單。這份菜單有時會為了搭配特定菜餚而另外調味，例如浸漬過脫水南瓜和酸奶油的菜單會與相應的湯品一起享用。

　　坎圖根據這個概念更進一步推出可食照片，其一張牛的照片吃起來有牛排味，另一張壽司卷的照片則有芝麻、海帶和醬油味。他也想過為披薩製作可食的雜誌內頁廣告，能讓讀者撕下來試吃。

　　可食菜單底材未必要以紙張為底材，也能「寫」在其他物品上，例如一盤法式酸奶油也行。

世界上第一家狗狗專屬餐廳

2010 年於倫敦，莉莉廚房

很久很久以前，如果有隻狗帶著牠的人類散了個長長的步，接著來到一家客棧吃午餐，牠能期望的頂多是一碗水和趁機偷吃一點殘羹剩飯。如果店主生性大方，牠或許會有根骨頭可啃。

　　不過，近 10 年來，狗狗的餐點有了驚人的改善，如今還能在專屬餐廳裡用餐。莉莉廚房（Lily's Kitchen Diner）是首開先例的狗餐廳之一，2010 年，這家快閃小店在倫敦的皮姆利科路（Pimlico Road）開張，主要是為了宣傳該品牌新開發的有機狗食（和貓食）系列產品。開幕日大獲成功，有 30 隻狗光顧——每一批開放 6 隻入場，其中包括一隻吉娃娃和一隻大丹狗在內——牠們開心地坐享萬壽菊花瓣和芹菜籽，盛食物的白色紙碗安裝在餐桌預先挖好的洞裡。

　　從那時起陸續有多家狗餐廳開張，包括倫敦另一家位於貝夫諾格林（Bethnal Green）的好奇犬族廚房（The Curious Canine Kitchen，菜色有牛雜佐海藻和與羽衣甘藍泥、無麩質肉桂藜麥餅乾、職人手工調理的骨髓），以及紐約的波里斯何頓餐廳（Boris & Horton）——貓禁止進入，

倫敦莉莉廚房狗餐廳

莉莉廚房餐廳

狗食

慢煮小羊肉鍋

牛肉蔬菜餐

家常雞肉與火雞

燉雜燴

鵝鴨大餐佐水果

雞肉斯卑爾脫小麥輕食

小羊肉斯卑爾脫小麥輕食

幼犬有機餐

烤蔬菜雞肉

乳酪蘋果點心

牛肉斯卑爾脫小麥輕食

床邊餅乾

自由放養生皮條

貓食

有機貓食魚肉餐

有機貓食雞肉餐

有機貓食小羊肉餐

幼貓有機餐

至於狗如果想大啖灑了培根的杯子蛋糕，必須上鍊才能成為座上賓。

有些酒吧和餐廳除了傳統的人類食物，現在也同步供應狗食，而且這類店家在近年大幅增加。以下就是英國薩福克郡伍德布里奇鎮（Woodbridge, Suffolk）的王首酒吧（King's Head）在 2011 年推出的「土狗菜單」（Mutt's Menu，菜色價格一律是 1 英鎊）：

牛耳

豬耳

蜜汁豬鼻乾

扭骨節

狗食香腸

家傳肉汁骨頭碟

現在在英國各地，狗狗都可以安坐享用許多美食了，從格拉斯哥飛牛酒吧（Winged Ox）的「無麵包碎熱狗」、貝爾法斯特髒洋蔥（Dirty Onion）酒吧的肝臟布朗尼，到利物浦狗狗杯杯小館（Pups and Cups Bistro）的小狗蛋糕，都是例子。

宜家家居

未來的菜單

在宜家家居位於世界各地的分店裡，附設餐廳的餐點雖然會隨所在地有所變化，不過客人最常吃到的會是瑞典肉丸佐馬鈴薯泥、肉醬和越橘果醬，甜點或許能來一客巧克力杏仁蛋糕（Daim cake），離開時還能偷偷外帶一份便宜到不行的熱狗。不過，宜家家居對於他們的餐點很有一番遠見。

從 2015 年起，宜家食品部就推出了根莖類蔬菜製成的純素肉丸（Grönsaksbullar），本著「推出美觀、美味，對人類與地球都美好的菜色」這個宏大宗旨，他們新擬出的未來速食菜單更是「蟲尚環保」，在該公司位於哥本哈根的創新研究與設計實驗室「SPACE10」，食物科學家也在測試廚房裡埋首努力研發菜色。沙拉當然也在這份可能會問世的菜單上，而且所用蔬菜是以水耕取代土耕。到目前為止，看起來還沒什麼值得疑慮的地方。

接下來，有誰想來一份「無狗熱狗」（Dogless Hotdog）？這道熱狗的材料有糖漬小紅蘿蔔乾、甜菜莓果番茄醬，芥末薑黃醬、烤洋蔥、黃瓜沙拉與什錦香草沙拉。包夾食材的是螺旋藻製成的麵包，這種微藻曾經很受阿茲特克人歡迎，未來要出火星任務的太空人也可能會吃它做成的食品。

菜單

無狗熱狗

蟲香堡

環保肉丸

水耕沙拉

苗菜冰淇淋

「蟲香堡」（Bug Burger）顯然比較有爭議。大多數人都能接受其中的甜菜根、防風草和馬鈴薯，不過每客漢堡所含的 50 公克麵包蟲，恐怕就讓有些人敬謝不敏了（出身南亞的食客應該無所謂，畢竟這種蟲是當地常見食材）。麵包蟲也是「環保肉丸」（Neatball）的主要材料。

能接受卡通《傑森一家》（Jetsons）那種未來風的宜家顧客，可以用一客苗菜冰淇淋結束這一餐，食材再度使用了水耕蔬菜，有茴香、莞荽、羅勒和薄荷等等。

只可惜，宜家不打算在近期內把這些菜色放進店面附設餐廳的菜單。不過，我們還是抱著希望。

宜家環保肉丸

譯注

*1： 古時英國的 plum 通常指葡萄乾，而不是梅子或李子，本書的 Plum pudding 皆譯成葡萄乾布丁。

*2： 英國傳統耶誕食物。

*3： 貴族階級的廚具，市井小民買不起。

*4： 這裡的 coolmah 應指現在的 corma，是一種用很多椰奶燉的咖哩，在英國很常見，口味偏甜很討喜。

*5： 應是原文誤植，原意應為「三天前」。

*6： 一種法國品種的馬鈴薯。

*7： 「d」代表便士。

*8： 古波斯君主頭銜。

*9： 蒙巴頓為公主夫家姓氏。

*10： 已故伊莉莎白王太后在此有一座私人城堡。

*11： 威爾斯親王在此有住宅。

*12： 英國在懺悔星期二有吃鬆餅的習俗，這一天又暱稱「鬆餅日」。

*13： 薇若妮卡龍利魚。

*14： 這些都是 Monty Python 喜劇的經典哏。

*15： 和第一道烤肉重複了。

*16： 雖叫 Pantomime 但不是啞劇，是英國耶誕節傳統會有的熱鬧節目。

*17： 這裡的名稱都刻意以法文書寫。

*18： 看菜單照片就知道所謂「9 道菜」是打趣而已。

*19： 數字為價錢，「先令／便士」的意思。

*20： 應是原文誤植，原意應為深海魚。

*21： 倫敦的潮區。

*22： à la française，原文應誤植為 à la français。

*23： 小說《最後的摩希根人》作者。

*24： Garam masala，原文誤植為 marsala，這是一種酒，兩種名稱並不通用。

*25： 原文中的 tanzy 指的應是 tansy。

*26： 以上三種都是瑞典知名的酒水品牌。

INDEX

圖片版權

看菜單，點歷史：記錄世界的 75 場盛宴
Menus that Made History

作　　者	文森‧富蘭克林 (Vincent Franklin)、 亞力‧強森 (Alex Johnson)
譯　　者	林凱雄

總 編 輯	周易正
主　　編	胡佳君
責任編輯	徐林均
執行編輯	郭正偉
行銷企劃	楊晏淳、吳欣螢

封面設計	林峰毅
內頁排版	葳豐企業有限公司
印　　刷	崎威彩藝

定　　價	480 元
I S B N	9789869945769

2021 年 05 月初版一刷
版權所有　翻印必究

出　　版	行人文化實驗室／行人股份有限公司
發 行 人	廖美立
地　　址	10074 臺北市中正區南昌路一段 49 號 2 樓
電　　話	+886-2-3765-2655
傳　　真	+886-2-3765-2660
網　　址	http://flaneur.tw

總 經 銷	大和書報圖書股份有限公司
電　　話	+886-2-8990-2588

謝詞

感謝巴利亞廚藝學院（Acadamia Barilla）、莉迪雅・盧梭（Lydia Rousseau，是她將史特拉菲爾德賽伊莊園〔Stratfield Saye House〕檔案文件中的原始手寫菜單重新謄寫）、珍・班菲德（Jane Branfield）與拉菲爾德賽伊莊園董事約翰・瑞克斯（John Rix）與海德瑪莉・瑞克斯—安克爾（Heidemarie Rix-Anacker）。

看菜單,點歷史:記錄世界的 75 場盛宴 / 文森.富蘭
克林 (Vincent Franklin), 亞力.強森 (Alex Johnson) 作 ; 林
凱雄譯 .-- 初版 .-- 臺北市:行人文化實驗室 , 2021.05
288 面;14.8 公分 ×21 公分

譯自:Menus that made history
ISBN 978-986-99457-6-9(平裝)

1. 文化史 2. 世界史 3. 飲食風俗

713   110004472